洁西卡
（简体字版）

JESSICA (A NOVEL IN SIMPLIFIED CHINESE CHARACTERS)

B杜

Copyright © 2023 by B杜

All rights reserved.

No part of this book may be reproduced in any form or by any electronic or mechanical means, including information storage and retrieval systems, without written permission from the author, except for the use of brief quotations in a book review.

British Library Cataloguing-in-Publication Data. A CIP catalogue record for this book is available from the British Library.

ISBN 978-1-915884-09-1 (ebook)
ISBN 978-1-915884-08-4 (print)

For my Family

第一章/海狮小镇与红橡树小镇

海狮小镇原名马太小镇,之所以改名,乃因一百多年前曾有数百只海狮为了逃离虎鲸的追杀,集体上岸避难,口耳相传的结果,群众纷至沓来,"海狮小镇"的名称因此不胫而走,并进而取代原来的马太小镇。谁能想到往后的日子里,成群海狮在海边晒太阳的壮观场面会逐渐式微,到最后竟然连一只都不剩,导致现在说起海狮小镇,反倒需要费口舌去解释。

"为什么你住的地方叫海狮小镇?"洁西卡在电话彼端问起。

迪伦只好话说从头。

"看来我住的红橡树小镇也该改名为象鼻虫小镇。"她说。

迪伦问为什么？洁西卡表示她住的小镇原本有大片的红橡树，这也是镇名的由来，但几年前象鼻虫忽然大面积出现，它们产卵多且快，幼虫一旦被孵化出来，立刻钻到树干基部进行啃食，由于有表土覆盖，不易被察觉，等发现时，早已病入膏肓。

"所以是象鼻虫终结了红橡树？"他问。

"也是也不是。"洁西卡停顿了一下，"虫灾日益严重，地方政府不得不派人喷洒药剂，刺鼻的化学气味弥漫在空气中久久不散，引起居民不满，后来索性把红橡树砍了。"

"全部？"

"全部。"

"多可惜！"

"是呀！"

第一次听说洁西卡住在红橡树小镇时，迪伦的脑海里浮现一片火红的场景，如今幻想破灭，他感到有些无所适从。

"妳会做红橡树造型的糖果吗？"迪伦忽然想起，遂问。

"没做过，但应该不难，你为什么问这个？"

"随口一问，别放在心上。"

几日过后，迪伦收到从甜蜜糖果屋寄来的包裹，里面有个小糖罐。他迅速打开，取出其中一颗仔细端详，随即有了答案。

当晚，他拨通洁西卡的电话，问她为何动作如此神速？

"老板要我开发新产品，想到你曾问我会不会做红橡树造型的糖果，灵机一动，它就诞生了。"她答。

"原来我们是这款糖果的父母，我负责出点子，妳负责制作。"

洁西卡不苟同，因为天底下哪有父亲把自己的孩子吃掉？

"妳说的对，那我不吃了。"

"可是……"

"什么？"

"没什么，反正东西已经送出，你想怎么处置，由你决定。"

其实迪伦只是逗她玩，糖果他已经吃了不少，剩下的他要慢慢品尝。话说回来，也正因这个善意的举动（洁西卡送他糖果），刚好给了迪伦一个机会，让他把积压在心底近一个月的话说出。

"洁西卡，妳送我东西，我也应该有所回报，哪天我们一起吃饭，我请客！"迪伦说。

"好的，如果哪天有空的话。"

这个回答模棱两可，既没有说不，也没有答可，迪伦一时不知该做何反应，只得同意对方的说法。

"好的，哪天有空的话。"他答。

第二章/加西亚奶奶

迪伦住的海狮小镇有个港口，地理位置算不错，无奈冬季过长，导致长住人口流失。根据去年的人口普查，这个小镇大约有六千多人，甚至比不上一所大学的在校生人数，不过麻雀虽小，五脏俱全，小镇不仅提供幼儿园到高中的学校教育，还有一所公立医院和长达两百米的商业街，甚至拥有一个标准尺寸的足球场（冬季则成为室外溜冰场）。这样的小镇无疑已经满足基本需求，但充其量只是个乡下，很难上得了台面，可是迪伦却不这么认为，一拿到大学文凭便迫不及待地回到故乡，因为在他的眼里，世界上最友好、最安全且最舒适之处莫过于海狮小镇，一个值得用一辈子去守护与奉献的地方。

这一天，迪伦一推开报社大门，主编便对他说："加西亚奶奶去世了，你去采访一下。"

"住在阿德曼大街的那一位？"

"不是，阿德曼大街的那位，昨天还见她沿着斯内克河慢跑，身体硬朗得很！我说的是院子里长着两棵雪梨树的那位，她的家人正在赶来的路上，今天应该陆续会到，这时候去采访正好。"

海狮小镇的人口少，这里的人皆互相认识也就不足为奇，即使新搬入，不出一个礼拜，连家里的猫叫什么名字都人尽皆知。

"好的，等我把手里的讣闻发出去就过去采访。"

迪伦毕业于某个社区大学的历史系，一开始的打算是成为海狮小镇的一名公务员，每天朝九晚五，周末还能睡大觉，后来发现那些"老"前辈们耳聪目明、声如洪钟，再多活个二十年都不成问题，只好先找个不对口的记者工作做做，哪知小镇越来越平和(这与年轻人的大量流失不无关系)，以前偶尔还有违法乱纪的事情可报导，现在连某家厨房的警报器响了都能成为新闻。无奈之下，本该跑地方新闻的迪伦被派去写讣闻，而且为了让内容显得有份量些，他不光写生卒年月日，还得加入洋洋洒洒的人生回顾，这样才能把原本不到3厘米见方的小方格扩大到十厘米见方以上，如此一来，写地方新闻的乔治才不致于拿猫狗打架事件来充数。

今日，迪伦把安德森先生的讣闻发出去之后，如约来到逝者家。加西亚奶奶的大儿子昨天才从外地赶到，当得知记者是为了报导母亲的生平事迹而来，很热情地招呼他进屋，同时搬出好几本相册，不厌其烦地解释每张照片背后的故事。

"你看，这是院子里那两棵雪梨树刚种下时的样子。"大儿子指着其中一张照片说。

"我知道，"迪伦立刻回应，"左边那一棵原来叫小托马斯，右边那一棵原来叫大托马斯，后来左边那一棵硕果累累，右边那一棵却颗粒无收，于是你母亲让两棵树互换名字。"

"大托马斯"很惊讶报社记者竟然如此神通广大，连这么隐秘的事情也知道！

其实不是迪伦神通广大，而是某天他行经加西亚奶奶的木造平房时，发现她望着院里的雪梨树发愣。

"日安，加西亚奶奶。"迪伦说。

加西亚奶奶此时才回过神来，道完日安后，问他能不能帮她上树摘雪梨？因为再不摘就过熟了。

"没问题。"他答。

后来迪伦摘了满满两大袋的雪梨，加西亚奶奶坚持送他一袋。

"那么谢谢您了！"迪伦开心收下，"我有个疑问，为什么另一棵树结不了果？"

加西亚奶奶答那是上帝的旨意，接着告诉他这两棵树是有树名的，左边那一棵原来叫小托马斯，右边那一棵原来叫大托马斯。后来左边那一棵硕果累累，右边那一棵却颗粒无收，所以她让两棵树互换名字，理由是现实生活中的小儿子（小托马斯）有抑郁倾向，不若自己的哥哥（大托马斯）乐观开朗。

"那么还是别换名字了，也许小托马斯看到以自己的名字命名的树长满果实，心情会好一些。心情一好，情绪病也就不药而愈了。"迪伦说。

"你说的对,那么我不换名字了。"

加西亚奶奶后来有没有实现诺言,无从得知,不过小托马斯的病情倒是好了许多,偶尔能见他在街头做义工,看起来挺精神的。

从加西亚奶奶家收集到足够多的资料后,迪伦起身告辞,结果大托马斯喊住他。

"什么事?"迪伦问。

"其实我母亲过世前又换了树名,等于维持一开始的命名。"

"为什么?"他故意问。

"我母亲说那是上帝的旨意。"

迪伦离开时,恰好与刚进门的小托马斯打上照面,后者祝他有幸福的一天。

"你也是。"迪伦答。

第三章/摩西小姐的表妹

海狮小镇的居民在公共事务上非常保守，好比谈到开放移民或者自由贸易，那肯定是不行的，因为这里的人习惯周而复始，不喜欢变化（变化代表不确定性，这不是个好兆头）。

既然在公共事务上裹足不前，那么表现在宗教上就别提有多墨守成规了。海狮小镇的居民有80%以上是天主教徒，这代表男女婚前得禁欲且不能同居，堕胎和离婚更是不被允许，如果做错事（甚至触犯法律），教徒们第一个想到的是上教堂跟神父告解，而非到警局自首。从好的角度看，这里的居民相当自律，警察的作用微乎其微；从坏的角度看，时光仿佛倒流了，难怪小镇上的年轻人会接二连三地离开，毕竟无趣是慢性毒药，会一点一滴地扼杀蠢蠢欲动的心灵。

迪伦也是年轻人（万圣节过后才满27岁），但他的灵魂非常平静沉着，所以无趣反倒适合他。还有一点，海狮小镇的人口少，这反而拉近人与人之间的距离，但凡有人需要帮助，鲜少被拒，而且赞美和关心的话语从来不缺，对于十多岁就失去双亲的迪伦来说，他太需要这种"无边界感"来弥补缺失的亲情。

"迪伦，加西亚奶奶的亲属可好？"负责写地方新闻的乔治问。

"他们很平静地接受她的死亡。"

"那就好，如果像腓力之前那样可不妙。"

腓力是镇上唯一的修鞋匠，四十多岁才娶妻，结果一年不到，妻子因病去世，腓力难过到想自尽，后来神父带领信众集体在教堂为他祷告，也不知是否显神灵，反正他现在看起来和丧妻前没两样。

"的确。"迪伦答，"失去亲人很痛苦，往往需要很长的时间才能真正走出来。"

"你的意思是腓力在强颜欢笑？"

"也许，我不确定。"

"上帝祝福他！"

海狮小镇的人从不吝祝福别人，最常听到的是"祝你有幸福的一天"，如果一时想不到该祝福什么，那么就以上帝的名义祝福，反正不会错的。

转眼到了下班时间，广告部门的摩西小姐拦下迪伦，问他要不要上酒吧喝一杯？

"不了，今天有事。"

"凯特也会去，你确定你的事情是紧急的？"

凯特是摩西小姐的表妹，与迪伦同年，性情温和，但似乎不太有主见的样子，回答问题总模棱两可。

"是很紧急，家里没罗勒叶了，我得上蔬果店购买。"他答。

后来迪伦在蔬果店"巧遇"凯特，据她说，家里刚好缺少大蒜。

等两人都采买完毕，基于礼貌，迪伦问凯特："需不需要我帮提东西至妳家？"

"谢谢!"她答。

这个回答代表需要,于是迪伦拎起两个人的"小"纸袋,往太阳落山的方向走去。

第四章 / 委婉拒绝

凯特租住在离商业街不远的一个小阁楼内，出入总要与房东打上照面。

"到了，"迪伦把纸袋递交出去，"这是妳的大蒜。"

"要不要上去坐坐？"

"不了，我还有事。"

迪伦到家后才发现自己给错了纸袋，于是又赶了回去。

"你何不亲自交给她？"房东史密斯先生对他说。

迪伦只好上楼去，而且为了不吓到凯特，他特意加重脚步声，这招果然有用，因为还没上到阁楼，凯特就已经立在房门口。

"嗨!我给错纸袋了。"他说。

"我知道,"凯特让开身来,"进来吧!"

迪伦其实不愿冒然进入一位女性的房间,但一时找不到回绝的借口,只能硬着头皮走进去。

"小心头!"

话甫歇,迪伦不偏不倚地撞了上去,立即眼冒金星。

"快,"凯特拉来椅子,"快坐下。"

迪伦二话不说,赶紧坐下。

见客人坐下后,凯特拉来另一把椅子,等她也坐下,那画面像在开二人会议。

"这阁楼其实挺好的,"凯特先开口,"推开窗户就能见到远处的火焰山,可惜层高是硬伤,我还好,像你这样的高个儿,就只能弯腰走路了。"

"没事,反正我不住这儿。"

凯特沉默一会儿后,表示希望冬天来临前能拿到护士资格证,并且觅得对口的工作,也好从这里搬出去。

"我以为妳喜欢这个阁楼。"迪伦说。

"是喜欢，但房东说烟囱供暖达不到阁楼，我害怕自己熬不过这个冬天。"

"不会的，上帝祝福妳！"

接下来，两人陷入无话可说的尴尬之中。

"对了，你渴吗？"凯特问（想打破窘境的意图相当明显）。

"不渴。"

"饿吗？"

"我打算回家煮意面吃，这也是我买罗勒叶的原因。"

"真棒！我好羡慕有厨房的人，哪像我，如果不外食，就只能吃干粮，因为租房合约里规定我不能使用厨房。"

"既然这样，妳为何买大蒜？"

"因为……因为表姐建议我买。"

"妳打算生吃？"

"也不是。"

凯特的模棱两可再一次显露出来，记得第一次见面时，他曾问她平常做什么消遣？她回答"看情况"。

"咳咳！"迪伦清了清喉咙，"时间晚了，我得赶着回家煮面。"迪伦说。

"我能看着你煮吗？"

这个问题让迪伦很为难，自从接收已逝父母留给他的小平房，这么多年来，他一直独居，从未让别人进入他的小世界。此时此刻，他不愿为一个不太熟悉的人破例，但拒绝人不是海狮小镇居民的常态。

"可以，如果妳想看的话。"他答。

后来迪伦煮了两人份的青酱意面，凯特直呼好吃，还说如果能加点肉就完美了。

"传统的青酱意面不含肉类。"他答。

"那多可惜！"

这个回答让迪伦无言以对，传统就是传统，何来可惜之说？倘若经过改良，那就不叫传统了。

吃过晚饭，迪伦送凯特回家（这条路，今天走了四遍，未免过多？）。到了楼底下，凯特对他说："今晚你请我吃面，我也应该有所回报，哪天我们一起吃饭，我请客！"

"好的，如果哪天有空的话。"

话一答完，迪伦被当头一棒，这是"委婉拒绝"之意没错，想必洁西卡也做如是想。

自认为揣摩到洁西卡的心思后，迪伦郁郁寡欢数日，最后下了一个困难的决定——此生不再与这个女人有任何联系。

第五章/制糖师

刚进入报社时，迪伦的职称是"社会新闻记者"。他曾问过主编有关社会新闻与地方新闻的差异，得到的答复是——社会新闻面向全国，地方新闻只限海狮小镇，两者虽有交集之处，但不多。

"我需要出差吗？"迪伦接着问。

"偶尔。"

后来随着报社的广告收入越来越少，他不仅没经费出差，还被"降"到地方新闻部写讣闻，理由是社会新闻只需复制黏贴全国旧闻，威尔逊小姐一人就能搞定。

"那情人湖事件还追不追？"迪伦问主编。

"不追了，反正詹姆士已经离开海狮小镇十多年，这里的人对他已经没什么印象了。"

话说海狮小镇的生活相当平淡，偶尔的一点点儿小涟漪已经是生活中的大事，所以当有一个"原住民"在他州发生殉情事件时，立即掀起狂风巨浪。

"可是我已经追了一半，现在怎么办？"他又问。

"这简单，就写警察已经介入调查，后续会跟进报导。根据我的判断，大概三天过后就不会有人再关心此事，毕竟人的记忆力有限。"

事情果真如同主编所说那样，尤其独立日将至，这里的居民对海狮小镇首次的燃放烟花活动充满期待，当然不会再有人有那份心思去抗议记者的"虎头蛇尾"，可是迪伦反倒有些戚戚然，因为别人能忘记，至少他和约好的采访对象一时可忘不了。

"对不起，主编要我别再追这条新闻了。"迪伦说。

"不要紧，"洁西卡在电话另一端答，"虽然我是翠西的好友，也愿意就我所知替她发声，但你的难处我能理解，毕竟这个国家有比殉情事件更值得报导的事。"

本来事情到此就能打住，但迪伦多嘴，问她有没有听说蒂姆即将南下举行巡回演唱会？

"我听说了，可惜我住的红橡树小镇没有像样的场所，而最近的演唱会地点开车起码要十多个小时，我怕赶不回来制糖。"

"制糖？"

"是的，我是制糖师，制作棒棒糖之类的糖果。"

听此言，迪伦的脑海里立即五彩缤纷起来。

然后的然后，他们发现彼此都对乡村歌曲情有独钟，同时又是作家茨威格的书迷和洋基队的支持者，而且皆爱吃加了辣布法罗酱的脏热狗……

迪伦内心里的那根弦立即被拨动了。

"你睡得早吗？"洁西卡忽然问。

"我通常11点前上床。"

"我一般10点上床。"

迪伦看了看时间，已经接近10点了，于是急着挂电话。

"以后你若想打给我，请留意时间。"她说。

"好的。"

当迪伦这么答时，其实并没有打算再打来，可是长夜漫漫，几天后他又忍不住拨通电话，这次洁西卡表现得比以往热情，还告诉他有关自己小时候发生的趣事。

"可惜我的童年乏善可陈，不若妳的有趣。"迪伦听完后说。

"你过生日吗？"她问。

"过，我还曾收到一个很恐怖的礼物，那条假蛇着实吓到我。"

"看！这不挺有趣的？"

迪伦想想也对，怎么以前没发觉恶作剧在时间的洗礼下也会成为趣事一桩？

由于谈话愉快，下班后的电话约会成了他俩心照不宣的约定，如果不是偶然间揣摩到洁西卡的心思，迪伦肯定会让这个约定一直持续下去。

第六章/再见，洁西卡

迪伦没再打给洁西卡，洁西卡也没打给他，他们就像偶然交集的两条直线，从此各分东西，直至海狮小镇的房屋外观开始变得诡异，同时贩卖面具、道具服和南瓜灯的商户多了起来，迪伦才惊觉两个月已匆匆而过，而他的28岁生日（万圣节）即将到来。

谈到万圣节，它原本是用来赞美秋天的节日，就好比五月节是为了赞美春天一样，可是如今的万圣节已不若万圣夜（万圣节前夕）受注目，大概因为前者是无聊的教堂活动，而后者可以尽情作怪的缘故。

迪伦想起过去几年的万圣夜，他总要事先准备好糖果等待敲门声响起，好给一拨又一拨的"小鬼们"发糖果,否则"不给糖就捣蛋"的厄运会从天而降。今年当然不例外,然而当他面对橱窗里各式各样的糖果时,脑海里浮现的却是一张模糊的脸孔。

"反正要买糖果,何不向洁西卡购买?"他心想。

次日,迪伦向报社请了周三、周四两天假,主编问起事由,他答:"我去还债。"

"今天不是愚人节。"主编表情严肃地说。

迪伦笑了笑,不再言语。事实上,他真的是还债去了(洁西卡曾送他糖果,此行他打算至少购买两大袋的糖果,就当是还人情债)。

海狮小镇离洁西卡住的红橡树小镇约有两百多公里,迪伦的计划是一早搭乘灰狗巴士前往,下午应该能抵达,买完糖果再逛逛小镇,次日便回。这个计划貌似毫无破绽,但迪伦心里清楚他还怀着一个小心思——这周他休周五和周六两天,如果和洁西卡见面后发展顺利,他大可在红橡树小镇逗留四天,只要赶得上周日的值班即可。

当他终于坐上灰狗巴士时，心中有股莫名的不安，他没见过洁西卡，也不知到时候能否依据声音认出她来，还有，两个多月没联系，这样冒冒失失地出现，洁西卡若问起，他该如何回答？

就这么东想西想，时间飞快流逝，当窗外景象第四度变得繁忙起来时，司机宣布红橡树小镇到了。

听到这个既熟悉又陌生的地名，迪伦的心跳得好快，像有什么惊天动地的事即将发生一样。

下车后，迪伦就近找了家旅馆，他得先安顿好行李才行。

"这是你的钥匙，108室。"旅馆老板对他说。

"谢谢！"迪伦收下钥匙，"对了，请问甜蜜糖果屋怎么走？"

"这家糖果店已经有五十多年的历史，就在知更鸟小学对面，你不会错过的。至于知更鸟小学该怎么走，你先把行李放下，我再告诉你。"

等迪伦重新回到大厅，旅馆老板晃一晃手中的车钥匙，说："我反正要接老婆下班，顺路载你一程。"

后来车子停在知更鸟小学的大门口，旅馆老板指向对面一栋色彩缤纷小屋，说："那就是甜蜜糖果屋，不过你的动作得快，等小学生一放学，你会被淹没在人海里。"

迪伦道谢后下车，此时他与洁西卡的距离只有一条马路的宽度。

"不行，我得喝口水。"他对自己说。

为了买水，迪伦走了约五百米路，再回来时，糖果屋前人头攒动。迪伦心想这倒好，如果只有他一个人，那显得太过醒目，他还没想好该怎么面对只闻其声的洁西卡。

等他走近糖果屋，这才发现孩子们之所以堵在橱窗前是为了争看制糖过程（十分钟前，那里只有一张空无一物的长桌子，现在则堆满五颜六色的糖团，一名身材高大的红发制糖师正卖力地搓揉那些团子，看起来刀枪不入的样子）。

此时，一个有着纺锤体体型的老奶奶走了过来，她边敲打橱窗边喊着："洁西卡，我带托尼回家，待会儿他有钢琴课。"

然后橱窗内的制糖师比了个OK的手势，于是老奶奶带走围观者之一，临走前还能听到那男孩的抱怨声,大意是他妈妈制糖,却不允许他看,这太不公平了!

面对此情此景,迪伦不禁苦笑,怎么自己就认定洁西卡必是一名金发、娇小且单身(无婚史和孩子)的女性?这不挺可笑的?

获知"真相"后,迪伦反倒释然,他大方地走进糖果店,告诉收银员:"我要买下制糖师正在制作的糖果。"

"所有?"

"所有。"

"那得等,因为制作完毕还得包装。"

"不要紧,我先付费,明天再过来取。"

付完钱,迪伦如释重负,心想明天取完糖果就回家,他还有两天假期,刚好可以清一清家里屋顶上的青苔。

等步出糖果屋时,迪伦忍不住又回望一眼橱窗里的人。

"再见,洁西卡。"他在心里默喊着。

第七章 / 圆脸女孩

迪伦回到旅馆时,一位满头银发的老太太向他道晚安。

"晚安,我是这里的客人。"迪伦解释。

"我知道你是这里的客人。"老太太笑眯眯地答,"买到你要的糖果了吗?"

"买到了,但由于数量较大,所以约了明天取。"

"那么你一定留意到制糖的女人很漂亮,是吧?"

迪伦感到迷惑,洁西卡虽不算丑,但离漂亮也还有一段距离,不过为了不给初次见面的老太太泼冷水,他同意制糖的女人很漂亮。

接着老太太问他结婚了没？一得到否定的答案，她马上追问："你喜不喜欢像洁西卡这样的？如果喜欢就勇敢去追，时间可不等人。"

迪伦一时不知该做何回答，还好旅馆老板适时过来解围。

"妳又当丘比特了，"旅馆老板对老太太说，"也不怕吓到客人？"

"怎么会吓到？像洁西卡这么好的女人，还是单身，这世上可不多见。"

旅馆老板迅速放下这个话题，转向迪伦致歉，因为自己的太太说了失礼的话。

"我不介意，你……太太是个好人。"

回答这句话时，迪伦的内心五味杂陈，一来老太太竟然认为一个带孩子的离婚女人适合他，这听起来很邪乎；二来旅馆老板是个中年人，可是他太太却老得足以当他的母亲，这个年龄差未免也太大了？三来老太太的年纪看着没有八十也有七十多，居然还在上班，这上的是什么班？

虽然内心有很多不解之处，但迪伦没有进一步追问。

回到房间后，迪伦躺在床上回忆今日种种，赫然发现红橡树小镇和海狮小镇有很多雷同之处，好比两地都有港口，所以空气中难免有海腥味，而港口的便利之处便是海产不缺，很容易就能吃到最新鲜的鱼虾，还有，两地房屋多是殖民时期的小木屋，居民同样保守，也同样乐于助人。这么一归纳，给了迪伦一个备用选择——哪天他若不想待在海狮小镇，还能搬到这里来，他相信自己很快就能融入。

次日，迪伦办理退房，同时把行李留在柜台，言明中午取。

"你今天有什么计划？"旅馆老板问。

"先找个地方吃早餐，然后去取糖果，昨天约好了的。"

"看样子你没时间逛水族馆。"

"水族馆？"迪伦很是惊讶，"这里有水族馆？"

旅馆老板解释不仅有，而且大得很，这还得感谢米勒先生，他把中奖彩金全数拿来兴建这座水族馆，私下还贷了不少款，可惜突发心脏病，无缘亲眼目睹它落成，目前的经营者是他儿子。

"的确可惜，"迪伦停顿了一下，"我指的是米勒先生的离世和我错过一睹水族馆的机会。"

旅馆老板问他是否买了回程车票？他回答还没。

"那还来得及，不是吗？"旅馆老板又问。

迪伦欲言又止，最后还是把话吞下（洁西卡已不是他想象的模样，没必要为了一个水族馆改变自己的既定行程，但解释这些又有何用？）。

在一家家庭式咖啡店吃完丰盛的早餐后，迪伦徒步往甜蜜糖果屋走去，此时晴空万里，多少冲淡秋风萧瑟所带来的寒意。

"日安！"糖果店收银员笑对迪伦。

"日安！"他取下头上的毡帽，"我来取糖果。"

"预约了吗？"

"是的。"

收银员问清楚名字后，开始在一个小本子上翻找。迪伦有些不安，他记得昨天的收银员并没有问他的姓名,只说隔天一早找她取就是。

"抱歉!我没找到您的名字。"收银员放下本子说。

"我的确交了钱,妳何不打电话询问昨天下午值班的女士?"

"她住院了,我是代班的。"

听到这个回答,迪伦怔住了,这下子该怎么办?

正当迪伦不知所措时,一名圆脸女孩推门而入,高喊着:"今天的天空好蓝,看到了没?"

"看到了。"收银员意兴阑珊地答,"妳知道海伦的手机号吗?"

"她没手机,只有家庭座机,妳打到她家里去。"

"没用的,她住院了,否则今天我也不会出现在这里。"

然后圆脸女孩问海伦的住院原因,得到的答案是急性阑尾炎。

"上帝祝福她!"圆脸女孩答完,正要往左手边的长桌子走去,结果被收银员喊住。

"洁西卡，这位先生说他昨天交了钱，海伦让他今天过来取糖果，可是我没在备忘录里找到相关记录。"

"是昨天下午三点半左右的订单吗？"

收银员望向迪伦，希望他能回答问题，结果这个男人被"洁西卡"这个名字给惊吓到，一时没做出反应，收银员只好明说："制糖师问你是不是昨天下午三点半左右订的糖果？"

"昨天制糖的不是她。"迪伦答非所问。

"的确不是我，"圆脸女孩很淡定地答，"红洁西卡曾告诉我昨天下午三点半左右的客人把她正在制作的糖果全订了。"

"红洁西卡？"迪伦问。

"是的，这里有两个洁西卡，为了分辨，红头发的洁西卡被称作'红洁西卡'，我是老员工，所以得以保留使用'洁西卡'的特权。"

这下子迪伦懂了，但还不足以证明眼前的洁西卡正是他要找的人，尤其电话里的声音和现场听到的还是有些许不同。

此时，电话铃响，收银员接听，三言两语便挂断，接着做出解释："刚才是海伦丈夫的来电，他转告今天会有人来取糖果，钱已付清，包装好的糖果就放在长桌子底下。"

"原来放在那里，"圆脸女孩说，"我这就过去取。"

只一会儿的工夫，迪伦的手里便多了两个大纸袋，里面是一个个的小糖罐，跟两个多月前他收到的一模一样，看来这家糖果屋使用的罐子是统一的。

"谢谢！"迪伦对圆脸女孩说，"我能问妳一个问题吗？"

"可以。"

"妳做过最特别的糖果是什么？"

圆脸女孩想了一下，答："对我来说，每个亲手制作的糖果都很特别，如果真要挑一个，大概是红橡树造型的糖果吧！这是一个特别的朋友给的点子。"

听到这个答案，迪伦按耐住激动的心情，微笑着说："我没问题了。"

第八章/计划生变

迪伦匆匆赶回去,为他办理续住的是旅馆老板娘,她问他为什么改主意了?

"我……我想参观水族馆。"迪伦答。

"水族馆是红橡树小镇的名片,这还得感谢米勒先生,他把中奖彩金全数拿来兴建这座水族馆,私下还贷了不少款,可惜突发心脏病,无缘亲眼目睹它落成,目前的经营者是他儿子。"

旅馆老板娘不知道今天早上她丈夫已经告诉过迪伦,所以重复述说,不过能够做到一字不差,也挺难得的,可见两人的默契之好。

"听妳这么一说,我更不能错过。对了,老板人呢?"迪伦问。

"他到教堂值班去了,我们夫妻俩都是义工,轮流上班。"

原来如此!

迪伦取走寄放在柜台的行李,正要走向自己的房间时,旅馆老板娘叫住他,说:"洁西卡太不容易了,总是把悲伤留给自己,将温暖送给别人,即使被里奇那小子辜负了,也没见她说一句不好听的话,太让人心疼了。"

"这是什么时候的事?"迪伦停顿了一下,"我指她感情受挫这件事。"

"大概有两年了吧?!不过你放心,她应该早忘了那个负心汉,只是你得多点儿耐心给她,受过伤的人难免对新恋情有所保留。"

原来这就是洁西卡"拒绝"他的原因,迪伦悬着的心终于可以放下。

谢过"丘比特"之后,迪伦回房将行李放下,接着匆匆出门。

第九章/绿色甲壳虫

迪伦站在知更鸟小学的大门口，正值放学高峰，学生们鱼贯而出，有的被家长接走，有的步行回家，也有一部分学生越过马路，走向对面的甜蜜糖果屋。今天的制糖师换了，但不影响小学生们的兴致，他们围在橱窗前争先恐后地观看制糖过程，和昨天的盛况毫无二致。

直到糖果屋的灯光熄了，里面的人也一一离开，站在马路对面的迪伦还是没想到搭讪的理由，看来只能将希望寄托在明天。哪知已离店的洁西卡此时会踅回，并且过了马路，迪伦走也不是，不走也不是，很是狼狈！

"嗨！有什么事可以帮到你？"洁西卡对他说。

"什么？"

"你已经站在这里有好些时候了，是不是购买的糖果出了问题？"

"没有，糖果没问题，我只是……只是忘了该怎么走回旅馆。"

洁西卡自然问他住哪家旅馆？得到的答案是——郁金香旅馆。

"我知道那家旅馆，"她答，"你到对面的公交站牌下等车，坐三站地就到了。"

"三站？"

"是的，三站。"

"谢谢！"迪伦迟疑了一下，"如果不麻烦的话，能否顺便告诉我水族馆该怎么走？我打算明天过去瞧瞧。"

这次无论洁西卡怎么指路，迪伦还是听不明白。

"这样吧！明天早上九点我到旅馆载你过去，因为糖果店十点开门，我不能迟到。"她说。

这正合迪伦的心意，两人当下立了约定。

待洁西卡的身影远去，迪伦吹着口哨走回旅馆，这条路他太熟悉了，闭着眼睛都能走到。

隔天，迪伦洗完热水澡，换上干净的衣服，然后到旅馆的附设餐厅用早餐。老板娘问他有什么忌口的？他回答不要大蒜，其他皆可。

吃完早餐，他回房间刷牙，刷了至少五分钟，接着对镜整理仪容，直到确认万无一失，他才锁上房门，来到旅馆大厅。

"我以为你昨天下午已经去过水族馆了。"旅馆老板娘一见到迪伦就问。

"本……本来有这个计划，后……后来没找着。"他硬着头皮答。

"这下子好了，洁西卡可以载你过去。"

"是的。"

当旅馆老板娘和迪伦对话时，洁西卡就站在旁边，迪伦感觉难为情极了，还好这段尴尬期很短，因为旅馆老板娘催促他俩快走，别浪费时间在她这个老人身上。

走出旅馆，迪伦发现洁西卡的车是有些年份的甲壳虫，颜色是豆绿色，特别的有童趣，像开了一辆卡通车。

上车后，迪伦坦言喜欢这辆车。

"我爸说喜欢甲壳虫汽车的人，骨子里都很天真。"洁西卡答。

没有人说过迪伦天真，不过他的心里的确住着一个小孩。

"意思是妳也很天真？"迪伦问。

"我的问题就是太过天真了，谁让我的心里住着一个小孩。"

这不正是所谓的默契？一个人起了一个头，另一个人马上衔接住。

谈笑风生中，迪伦得知洁西卡的父母健在，底下还有一个正在读高中的弟弟，家庭和美。

"我不一样，"迪伦说，"我是家里的独子，父母在我十多岁的时候就已相继过世。"

"你太不容易了。"洁西卡说。

"没事，最困难的时候已经过去了，再说，邻居和同事们都对我很好，这多少弥补了缺憾。"

话一答完，迪伦很害怕洁西卡会顺着话题问他住哪里？做什么工作？倘若如实回答，肯定露馅，这可怎么办？

好在洁西卡并没有把焦点摆在那里，而是谈到水族馆。

"你要去的水族馆现在是红橡树小镇的名片，它的总面积约有十公亩，大是挺大的，但由于开幕不久，加上资金有限，里面的鱼并没有想象中多，你要做好心理准备。"她说。

"我会的，谢谢妳的提醒。"迪伦答。

其实水族馆大不大？有没有鱼？对迪伦来说，一点儿也不重要，它不过是个借口而已。

到了水族馆，迪伦下车去。

"再见，洁西卡。"他说。

"再见，迪伦，祝你有幸福的一天！"

当绿色甲壳虫的身影消失在路的另一端时，迪伦才从震惊中清醒过来，他没告诉洁西卡自己的名字，她是如何知道的？

思来想去，最大的可能性是旅馆老板娘泄的密，稍早前这两人在旅馆大厅完全有说话的机会。

想至此,迪伦释怀了,转身到售票亭购票。

第十章/授人以鱼不如授人以渔

解说员首先介绍水族馆成立的由来，原来创办人米勒先生是个农场主，几年前赢得彩票奖金，全数拿来一圆儿时梦想，可惜梦想大过彩金，即使地是免费的（从他的农地里划出一块做为馆址），工程还是一度中断，后来靠着红橡树小镇居民的集体筹资，才又起死回生。有感于这个水族馆是全镇人民的心血，目前的经营者（米勒先生的儿子）决定不对镇民收费，任何时候这里的居民都能入内免费参观……

老实说，迪伦还未见过如此奇怪的水族馆，硬件很新（空气中还有少许的甲醛味道），但里面的生物却少得可怜，极地区更是空荡荡一片。还有，这里的工作人员明显比参观游客多，以致迪伦得到了贵宾级别的一对一解说服务。

"这座水族馆的支出是不是大过收入？"迪伦提出疑问。

解说员回答是的，当初的规划很完美，全馆分为五大洲区、冷水区、极地区、海岸区、深海区等，另外还有海底隧道和儿童接触区，可是回到现实却很残酷，因为海洋生物虽有无偿捐赠的来源，但多数还得购买，加上维修费和人工支出都很庞大，而目前的游客不多，主要以当地人为主，偏偏这部分又是不收费的，所以经营得很辛苦！

果然如同迪伦所想的一样。

当他来到全程的最后一站（纪念品商店）时，店内依旧冷清。为了化解尴尬，迪伦买下一个白鲸布偶（老天！这个水族馆甚至连一只白鲸也没有），同时还在捐款箱中投入50元聊表心意。

"我代替水族馆谢谢你！"解说员说。

"哪里，我只是略尽绵薄之力。"他答。

直到步出馆外，迪伦才想到中国的一句古话——授人以鱼不如授人以渔（意思是一条鱼能解一时之饥，却不能解长久之饥，如果想永远有鱼吃，就得学会捕鱼的方法）。对照当下，不管买下纪念品还是捐款都不能让水族馆摆脱困境，还得开源（好比让四方游客涌入）才行。有了收入，其他问题自然迎刃而解，而这项工作恰恰是记者所擅长的。

于是迪伦又回到馆内，除了表明身份外，还提出采访经营者的请求。

工作人员一听说对方是记者，很快引荐。后来迪伦与米勒先生（创办人的儿子，也是目前的经营者）在办公室里相谈甚欢，离去前，两人还合影留念。

第十一章/祝妳有幸福的一天

离开水族馆后,迪伦打车到知更鸟小学,心想如果赶得上中午用餐时间,也许能与洁西卡来个"不期而遇",然而奇迹并没有发生。

六神无主的迪伦在小学大门口徘徊,时间已是下午一点一刻,他不知该就此离去还是继续等待,正犹豫不决时,一个声音响起:"嗨!你怎么在这里?"

迪伦转过头去,发现洁西卡那透着红润光泽的小圆脸正对着他。

"我……我……"迪伦紧张得说不出话来。

"哇!好可爱的布偶。"洁西卡说,转移话题的意图很明显。

正是这个回答让迪伦找到了突破口。

"我来是为了送布偶给妳。"他说。

"给我？为什么？"

"今天一早妳送我到水族馆，为了表示感谢，所以……"

"这个理由可不够充分喔！"洁西卡答。

完了！这该如何自圆其说？

迪伦望向洁西卡，她的眼睛好似黑暗里的火炬。

"因为……因为布偶的眼睛像妳的一样明亮。"他改口。

洁西卡笑了，嘴角的两个小梨涡像两道龙卷风，搅得他昏头转向、意乱情迷。

"好，我接受你的礼物，谁让白鲸的眼睛像我的一样明亮。"她说。

听到这个，迪伦赶紧把礼物奉上，接着问她为什么会从知更鸟小学里走出来？

"好几名老师赶在今天向糖果屋订购糖果，为了不耽误他们上课，我特意挑午休时间送货。"洁西卡答。

"为什么老师们挑今天订购糖果？"迪伦又问。

"因为明天是周六，小学生不上学，而周日晚上就是万圣夜了。"

迪伦知道万圣夜即将来临（这也是他上红橡树小镇的表面原因），但没留意到是后天晚上。

"我注定会错过这里的万圣夜，因为明天下午我就要离开红橡树小镇。"他说。

"这么快？"

"所以……"迪伦深吸一口气，"今晚能不能与妳共进晚餐？"

"很抱歉，今晚我有事。"

"那么……明天中午？"

"明天中午也有事，实在不好意思！"

迪伦嘴上答没关系，但内心无比失望，洁西卡对他没兴趣，所以才会连续找了两个借口拒绝他。

"你吃饭了吗？"她问。

"还没。"他忽然又燃起了希望，"妳有推荐的吗？"

"有，你沿着这条路往东走四个街区，会发现有个叫帕奇布的意大利餐馆，他家的比萨很正宗，不会在上面摆放菠萝或者奇奇怪怪的东西。"

这个回答代表洁西卡不会陪同他前往，迪伦只能一个人用餐。

"好的，我这就过去。"迪伦说，声音很微弱。

"祝你用餐愉快！"

"妳也是。"

"我吃过了。"

"那……那……祝妳有幸福的一天！"

第十二章/杜伦

吃完比萨，迪伦走路回旅馆，恰巧遇到正要出门接老婆下班的男人。

"杜伦，你的水族馆之旅可好？"旅馆老板问。

迪伦回答很好，但心里犯嘀咕，他叫迪伦，不叫杜伦。

回到房间后的迪伦稍作休息又出门，他感觉自己还得试试，也许洁西卡只是心情不好，心情不好的人容易将自己封闭起来，不是吗？

当他经过旅馆大厅时，已经下班回来的旅馆老板娘叫住他，问："杜伦，你的水族馆之旅可好？"

"很好。"迪伦思考了一下,"我的名字叫迪伦,不叫杜伦。"

"是吗?怎么住宿登记簿上写着杜伦?"

为了证明自己所言不假,旅馆老板娘拿出住宿登记簿,上面果然写着杜伦。

"老板写错了。"迪伦拿出自己的证件,"妳看,是迪伦没错吧?!"

"真的写错了。"老板娘喃喃道,"没事,我改改就是。"

迪伦以为她会马上更改,结果却是收起簿本,同时问他觉得洁西卡这个女孩子怎么样?

"很好,就是有点儿……有点儿捉摸不定。"

"我说过她在感情上受过伤,你得多点儿耐心才行。"

"也许……也许她对我没兴趣,所以才会拒绝我的共进晚餐邀约。"

"今晚不成,那约明天呀!"

"我约了,但她还是说不。"

"不可能呀!怎么会……"老板娘忽然惊呼一声,"哎呀!我知道了,她弟弟在外地读高中，很久才会回家一趟，今天是星期五，又碰巧连上万圣节，肯定回家度假了，她当然没空陪你。"

这个推论很合理，迪伦瞬间如释重负。

"对了，你这是要去哪里？"旅馆老板娘接着问。

迪伦心想既然洁西卡"可能"不是故意拒绝自己，那么就没必要再上甜蜜糖果屋，尤其今天已经见面两回，再多就显得刻意了。

"我……出去喝一杯。"他答。

于是旅馆老板娘要迪伦顺便把她老公叫回来，因为203房的水龙头在滴水，他得去修一修。

第十三章/风暴来袭

纵使迪伦传达了"命令",但旅馆老板充耳不闻,啤酒一杯接着一杯喝。

"杜伦,洁西卡是个好女孩,你可别错过了。话说回来,假使我有儿子,怎么也轮不到你。"

旅馆老板显然喝高了,忘记自己曾为了老婆的"失礼"致歉,而迪伦也懒得纠正自己的名字不叫杜伦,而是迪伦,反正明天就离开红橡树小镇,谁还记得谁?

"我相信洁西卡绝对是个好女孩,"迪伦说,"否则你和你太太也不会强力推荐。"

"是的,她的确是。两年前我太太的肠道长了肿瘤,她害怕得很,加上身体不适，脾气变得非常暴躁，若不是洁西卡天天来家里与她一同祷告，估计先发疯的是我。还好上帝仁慈，肿瘤后来检测出来是良性的，经手术切除后，现在基本已经康复了。"

原来还有这段故事！迪伦对洁西卡的好感瞬间又提高不少。

等到旅馆老板醉得两眼迷离时，迪伦认为时候已到，于是一个有点儿醉意的人搀扶着一个神志不清的人走回去，还好旅馆老板的酒品算不错，既没有就地躺下，也没有耍酒疯。

次日，迪伦到旅馆附近的快餐店吃早餐，听到隔壁桌的客人提到下午即将有风暴来袭，届时道路可能会封闭起来。

等他走出快餐店，原本晴朗的天空已被数朵灰色的云覆盖住。迪伦隐隐感到不安，当下决定即刻启程。

"我以为你会待到中午。"旅馆老板边办理退房边说，此刻的他已经完全清醒了。

"我也以为我会待到中午，但看天色不对，还是早点儿回去为妥。"他答。

当旅馆老板办完手续时，迪伦预定的出租车刚好抵达。

"那么再见了，杜伦，祝你一路顺风。"旅馆老板说。

迪伦欲言又止，最后还是没更正，挥挥手，上了出租车。

第十四章/被诅咒的生日

这一路，迪伦乘坐的灰狗巴士仿佛被魔鬼追赶，不仅乌云压顶，偶尔还飞沙漫天，还好真正的狂风暴雨并没有迎上，这是值得庆幸的事，他可不愿因此留在外地过夜。

隔天，迪伦准时到报社值班，威尔逊小姐问他债务还清了没？

"什么？"他反问。

"主编说你请假是为了还债去。"

迪伦猛然想起自己的确说过那样的话，但是否还清了债务还真不好说，因为他感觉自己又背上新债务。

"基本还清了。"他答。

"基本？"

"只要债主不催债，债务就算还清了。"

威尔逊小姐露出迷惑的表情，迪伦赶紧转移话题，问她最近可有什么新闻？

"海上走私日益猖獗，警察不得不加强岸边巡逻，包括海狮小镇。"她答。

这倒新鲜！海狮小镇的治安一向良好，仅有的几起小案件还是外地人所为，怎么警察把苗头对准这个普遍自律的小镇？

针对疑问，威尔逊小姐答："你大概不知道东海岸最大的走私头子正是我们的同乡吧？！警察猜测他极有可能逃回故里躲藏，所以把海狮小镇纳入重点巡查对象。"

迪伦问此人叫什么名字？

"大卫·劳伦斯。"威尔逊小姐答，"这个人读完中学就离开海狮小镇，十几年都没回来过，也不知警察是怎么想的，竟然会以为一个身价数千万元的人还会回到这个人均月收入还不到一千五百元的小镇？"

迪伦认识一个叫大卫·劳伦斯的人，他曾是自己的童年玩伴之一，颇具领袖气质。当迪伦上七年级时，大卫及其家人搬往他州，走得很匆忙，连再见都没说。

"你有这个人的相关介绍吗？"迪伦问。

"如果你想知道他的故居，目前没有资料，不过大卫曾就读景点小学和骑士中学，根据这条线索，他家应该就在这两所学校附近。"

听到这个回答，迪伦的心咯噔了一下，这是当年的大哥哥没错，怎么会沦落至此？想起来真是不胜唏嘘！

"对了，"威尔逊小姐又开口，"过去四天你除了还债，还去了哪里？"

"我去了一趟红橡树小镇。"

"红橡树小镇？这个名字听起来很古板。"

迪伦告诉她除了自己被误会叫杜伦外，的确没什么趣味，不过民风倒很淳朴。

"哈哈！"威尔逊小姐笑了，"总不致于那里的每个人都喊你杜伦吧？！"

"这倒没有，除了旅馆老板和老板娘搞错外，无人……"迪伦忽然停顿了一下，"无人搞错。"

"那就好。"她瞄了一眼墙上挂钟，"抱歉，我得把稿子交给排版工人，否则来不及印刷了。"

威尔逊小姐走后，迪伦好半天才回过神来，如果旅馆老板和老板娘误会他叫杜伦，那么洁西卡又如何知道他叫迪伦？这说不通呀！唯一的解释是她早知道他的真实姓名。

这个发现让迪伦既害怕又惊喜，假若洁西卡已认出他来，她是怎么想的？有没有对他感到失望？

就这么浑浑噩噩地捱到下班，再浑浑噩噩地回家，直到华灯初上，敲门声响起，迪伦才清醒过来。

"不给糖就捣蛋。"一开门，披着白床单的三只小鬼对他说。

迪伦这才忆起今晚是万圣夜，赶紧发放糖果。

孩子们没想到竟然会收到一个塞满糖果的小糖罐，高兴地手舞足蹈起来。

接下来，迪伦的房门一开一合，很快两大袋的糖罐便发完了，可是敲门声依旧，无奈之下，他只能充耳不闻，直到午夜时分才彻底摆脱恶梦。这么一折腾，原本想打电话给洁西卡的计划只能暂停。

次日，迪伦一打开大门便被门上的斑斑蛋液给吓到，往外走去，果然在邮箱里发现几封死亡诅咒信，想来是昨晚没讨到糖果的孩子所做的恶作剧。

由于赶着上班，迪伦把信一撕（生日当天被诅咒，可真是触霉头），同时忽视已发出腥臭的大门，快步往报社走去。

第十五章/跟踪

今天是万圣节，全国放假一天，但报社的工作特殊，所以假日还得有人值班，而迪伦正是那个倒霉鬼（昨天值班，今天又值班，更倒霉的是今天他过生日，结果一大早就收到死亡诅咒信，到了办公室还得面对一室的冷清，没有蛋糕、礼物和所谓的"惊喜"）。

下班后，回到家的迪伦同样没有摆脱厄运，他来不及休息一下便拿起水桶、刷子和清洁剂，开始清理被蛋液弄脏的大门。这个举动吸引邻居贝尔先生的注意，他问迪伦在做什么？

"几个孩子扔鸡蛋在门上，不论我怎么刷，还是粘糊糊一片，而且味道难闻极了。"他忍不住抱怨。

"干了的鸡蛋液光用清洁剂清洗是没用的,你得先用微热的甘油进行揩搓,再用肥皂和酒精的混合液洗刷,最后再以清水漂净。如果嫌味道臭,加点儿醋试试。"贝尔先生说。

"甘油去哪里买?"迪伦问。

"药店应该有。"

于是迪伦放下工具,往药店走去。

"迪伦,今天想买点儿什么?"药店老板一见他就问。

"我想买点儿甘油。"

"天气冷,涂点儿甘油的确能滋润皮肤。"

"不,我买甘油是为了去除大门上的蛋液。"

药店老板遂问他是不是昨晚没准备足够多的糖果,以致遭报应?迪伦答是,现在的小鬼头一点儿也不心慈手软。

"别发牢骚了,那些全是景观小学的学生,算起来可都是你的学弟学妹啊!"

"呵呵!我也就这么一说。"

此时，店内传来咳嗽声。迪伦头一转，看到一个高大的背影。

"原来店里还有别的客人在。"迪伦喃喃道。

"已经在这里好一会儿了，"药店老板压低声音，"看样子是外地人，问他要什么也不答，真是奇怪！"

迪伦同意这的确有些怪，但哪里没有几个怪人呢？

付完钱，拿上甘油的迪伦立刻回家（天气越来越冷，夜里尤甚，他不想顶着寒风干活），丝毫没注意到身后有人尾随。

第十六章 Say Hello

别人可以忘记他的生日，但迪伦不能，所以清洗完沾满蛋液的大门，他换上干净的衣服出门去。

当酒保知道今天是迪伦的生日后，吆喝大家给寿星唱生日快乐歌，这多少弥补他今日被忽视的遗憾。

酒足饭饱后，迪伦漫步回家，远远的，他看到屋前邮箱内有张折叠好的纸（仿佛怕屋主没留意到，刻意向外露出了一截）。

"又一封诅咒信！"迪伦心想，"我今天已经受够了。"

他没有去取信，而是径直走回屋内。

上床后的迪伦看了看时间，9:45，离洁西卡就寝还有一刻钟，他犹豫要不要打个电话过去？结果这么一蹉跎，五分钟过去了（现在只剩十分钟了），他不得不火速行动起来，边拨打电话边想着："如果对方没接，代表她睡了，我也可以睡个安稳觉。"

铃声响了数下后，他终于听到梦寐以求的声音。

"嗨！迪伦。"洁西卡说。

"妳……妳怎么知道是我？"

"有来电显示呀！"

迪伦心想如此明显的事怎么事先没想到？这岂不是暴露了自己的短板？

"睡了吗？"一问完，迪伦又后悔，如果洁西卡已经睡下，如何咬字清晰地接听电话？

"还没，正准备睡。"

"那晚安！"

"晚安。"

由于洁西卡没有马上挂断，加上迪伦还舍不得收线，于是多嘴加上一句："今天是我的生日。"

"那么祝你生日快乐。"

"谢谢！"

"让我唱首歌给你听吧！就当是送你的生日礼物。"

迪伦按耐住激动的心，简短地答："好。"

洁西卡唱的是乡村歌曲《Say Hello》，歌声浑圆有磁性。

如果我找到他，如果我追随他，

他会抓紧我，永远留下我吗？

他会借给我他的旧冬衣吗？

会不会呢？

会不会呢？

……

唱完后，迪伦答："会。"

"什么？"洁西卡问。

其实迪伦回答的是歌曲里的问句——他会抓紧我，永远留下我吗？可是如果明说，显得轻浮，所以……

"我指我会借妳我的旧冬衣。"他答。

"呵呵！你真傻。"

"我是傻，所以经常错过很多美好的事和……人。"

他们彼此沉默一会儿后，洁西卡说："我得睡了，晚安。"

"晚安。"

然后迪伦听到对方挂机的声音，他也心满意足地挂上，这下子他真的能睡个安稳觉了。

第十七章／过街老鼠

隔天一早，迪伦匆匆上班去，经过自家邮箱时，他犹豫了一下，最后还是把裸露在外的纸给推了进去。

一到报社，负责写地方新闻的乔治就忙不迭问他听说了没？

"听说什么？"迪伦边坐下边反问。

"有人看到大卫·劳伦斯出现在镇上，他是东海岸最大的走私头子。"

"是吗？"迪伦的内心开始不平静，"他来海狮小镇做什么？"

广告部门的摩西小姐插嘴："也许是为了见初恋情人一面，他不是住在这里直到中学毕业吗？"

"不是，"迪伦立即否认，"他是11年级下学期离开的。"

"你怎么知道？"乔治和摩西小姐同时问。

"我……我也是听说的。"

然后这两人开始讨论起走私的风险——如果东西被截，顶多充公，人不一样，搞不好是会出人命的。

"还能走私人？"迪伦问。

"当然，"摩西小姐答，"许多落后国家的人恨不得飘洋过海而来，等拿到身份，再把全家都接来，然后生一大堆孩子等着领社会救济金和生活补助费，还有什么比这个来钱快？"

"大卫也走私人吗？"迪伦又问。

乔治答只要能赚钱，听说这个头子无所不干，这也是海警全数出动的原因，因为我们的国家已经被接踵而至的偷渡客给搞得头疼不已。

原来如此！

下班后，迪伦弯到超市采购，然后提着大包小包回家，经过自家邮箱时，他不忘取走里面的信件。

等他把采买的东西都一一归位后，才得空坐下来拆信。当他拆完第二封时，赫然发现夹在信件里的纸张，一不做二不休，他果断打开，结果很出乎意料。

"搞什么？"迪伦放下纸张，"这也太无聊了！"

等所有信件都拆完后，他忍不住又回望一眼涂鸦，这一看，看出了端倪，记忆一下子跳回到十多年前……

"这五个圈代表我们五人，弯刀则是权力的象征，"身为大哥的大卫指着地上的沙画，"你们当中只要收到这个行动暗号，立刻到总部报到。"

寒来暑往，当年的五人皆已四散，只有迪伦又重回家乡，如今再度收到行动暗号，他第一个想到的便是已被海警盯上的过街老鼠——大卫。

考虑再三，迪伦还是决定探一探虚实，于是拿上手电筒出门去。

第十八章/各奔前程

海狮小镇的北部是火焰山，长年烟雾弥漫，宛如仙境；南部则多平原，这也是居民聚集之处，商业街和港口也在此。如果你是个孩子，很大的概率会往北部跑。

"我有个版图扩充计划，海狮小镇做为第一站，当然得有个总部，那么就设在1号洞穴吧！"大卫说。

既然标榜1号，应该有2号、3号、4号……等才对，可是五个孩子找来找去，最终只得一个洞穴，无奈只能将就了。

接下来的日子里，他们五人在这唯一的洞穴里开过无数次会议，由于是秘密会议，自然不能让别人知道，所以每当收到大卫发出的开会邀请（行动暗号）时，另外四个孩子都会守口如瓶地赶到，哪怕必须对家人撒谎。

今晚，已经十多年没收到行动暗号的迪伦又来到1号洞穴所在的山区，四周矗立着光秃秃的树干，显得相当阴森（如果夏天来，洞穴会被密林遮挡住，一般人很难找到。现在是初冬，相对好找些，但有谁会在大冷天里上山？）。

迪伦边拿手电筒照明边踩着枯叶前进，越靠近，心中越忐忑，大卫真的在里面吗？

"芝麻开门。"迪伦站在洞穴外喊。

无人回应。

"芝麻开门。"迪伦二度喊着。

依旧只有风声萧萧。

迪伦的心开始动摇了，如果大卫真的在里面，又怎会不回复暗语？

脑海里一产生这个念头，一个微弱的声音忽然响起："阿拉祝福你！"

听到这个，迪伦大踏步走进山洞，只见一个高大的身影席地而坐，他的脸藏在黑暗里（为了礼貌起见，迪伦并没有将手电筒对准对方的脸）。

"迪伦，是你吗？"那人问。

"是的。"

"很高兴你能前来赴约，你是一个人来的吗？"

"当然。"

此时，迪伦听到对方发出"呲"的一声，遂问："你还好吗？"

大卫答不好，估计他的肾结石又再作怪了。

于是迪伦把光源往上移几厘米，终于看到大卫苍白的脸。

"你需要看医生。"迪伦说。

"现在警察布下天罗地网，就等着我出现。"

"可是……"

"我需要喝水，也许结石会自己排出去。另外，请给我一些保暖衣物，我冷死了。"

迪伦答没问题，他这就去准备。

"迪伦……"大卫气若游丝地喊着。

"什么?"

"我能信任你吗?"

"当然。"

后来,迪伦从家里拿来饮用水、食物和被褥,还在山洞里升起火来。

"谢谢!你今日为我所做的一切,他日我必数倍奉还。"大卫说。

"别提这个,我们是兄弟,不是吗?"

为了照顾兄弟,迪伦每天往山上跑,不管是生活所需还是药品,他都尽量满足,直到外面的风声没那么紧张,同时大卫的身体也基本恢复健康,离期才正式提上日程。动身前,大卫交给迪伦一个邮箱地址,说:"有事请寄到这里来,每隔一段时间我都会派人取走里面的信件。"

"好的,你多保重!"

"你也是。"

他们匆匆拥抱一下,然后各奔东西。

第十九章 / 伍德太太

照顾大卫的同时,迪伦仍不忘给洁西卡打"床前电话",频率也从"偶尔打"变成"经常打",后来则是"天天打",仿佛成了一种习惯或仪式。

大卫离开后的当天晚上,迪伦终于可以提前拨打电话。

"你今天早了。"洁西卡说。

"什么?"迪伦问。

"以前你总是九点过后才打。"

"那……那我待会儿再打来。"

电话那头传来铜铃般的笑声,迪伦问她笑什么?

"你很傻。"

"我……如果我说想见妳一面,这样傻不傻?"

可怕的沉默蔓延开来,迪伦立刻感到后悔,好不容易才恢复"邦交",这下子全毁了……

"不傻,我也想见你。"她终于答了。

听到这个,迪伦仿佛在做梦,问:"真的?"

"当然是真的,只是现在天气仍然寒冷,等暖和点儿,我们再见面。"

从那时起,迪伦就天天盼着春天赶紧到来。当春天真的来临,他即刻启程,按约定,洁西卡会在终点站等他。

本来迪伦还有些许担心,害怕洁西卡看到他时会无比震惊,结果一见面,对方表现淡定,这让迪伦更加确信上回洁西卡的确认出他来了。

"你变瘦了。"她说。

"想妳的。"他答。

迪伦以为洁西卡又会说他傻,但没有。

"这次还是住郁金香旅馆吗?"她问。

"是的，只是我不知道该如何解释自己又故地重游了。"

"就说你来见女友。"

"我可以这么说吗？"

"当然可以。"

迪伦仍不放心，又问："真的可以吗？"

洁西卡哈哈大笑，答："你真傻！"

等假期一结束，他俩的感情又升温了，并且与日俱增。当秋风吹起时，这两人已经分不开彼此，于是做出一个重大决定。

"妳确定要搬到海狮小镇？"迪伦问。

"当然，我们之间总要有一个人做出改变，否则如何厮守在一起？"

"洁西卡，妳真好，此生我绝不辜负妳！"

婚后，洁西卡冠上夫姓，成了伍德太太。

第二十章／
红橡树糖果屋

伍德太太在景点小学的对面开了一间铺子，店名就叫《红橡树糖果屋》，主打红橡树糖果，每天总能卖出十多罐，只是他家的门头招牌很奇怪，不仅跟红橡树一点儿关系也没有，甚至猜不出这是一家糖果店。

每当有人问起《红橡树糖果屋》的门头招牌为什么是一条跃出水面的白鲸时，伍德夫妇总笑而不语，这是他俩的秘密，小气到不愿与他人分享……

今天，迪伦一进到报社就听说走私头子又重出江湖。

"哪个走私头子？"迪伦边坐下边问。

"还能是谁？当然是大卫·劳伦斯。"乔治答。

"是吗？"迪伦低下声，"我以为他已经销声匿迹了。"

"怎么可能？"威尔逊小姐接棒，"人一旦走偏了，很难再回到正轨，即使有心，钱这一关也通不过，因为若不走旁门左道，他拿什么支付穷奢极侈的生活和随从的工资？"

摩西小姐跟着起哄，她表示警察已投入更多的人力和物力，誓必逮捕他归案……

"这可是理查说的？"乔治问摩西小姐。

"正是，所以可信度很高。"她答。

迪伦和洁西卡办完婚礼后没多久，凯特也结婚了，新郎是镇上的警察——理查。想当然尔，这名警察成了摩西小姐的表妹夫。

迪伦踌躇了一会儿后，问摩西小姐可知道警察接下来的重点盘查区域在哪里？

"哈哈！"她大笑两声，"这可是机密呀！理查就算知道也不会告诉我。对了，你为什么问这个？莫非想通风报信？"

"怎么可能？"迪伦笑得很尴尬，"我又不认识大卫。"

其实摩西小姐还真猜对了，迪伦的确想通风报信，可惜得到的讯息实在太少了。

下班后，迪伦特意绕到景点小学，此时已过了放学高峰期，但红橡树糖果屋的橱窗前依然人头攒动，时光仿佛一下子跳回到一年多前，那时他就站在知更鸟小学的大门口，眼眺对面的甜蜜糖果屋，洁西卡围着白围裙，正在制糖……

就在这时候，前方忽然有了骚动——洁西卡走出糖果屋，像是宣布了什么，孩子们纷纷转头看他，接着向他跑来，那气势颇为壮观。

"你好棒！"第一个孩子气喘吁吁地说。

没等迪伦反应过来，溢美之词全出笼了。

"你太帅了！"

"你真聪明！"

"你的牙齿好白！"

"你长得真高!"

"你的衣服很干净!"

……

孩子们说完后又急急忙忙跑回去(洁西卡给完成任务的人分发糖果),现在迪伦总算知道是怎么回事了。

等孩子们都离开后,迪伦这才走过去,问:"妳的脑袋瓜里究竟在想些什么?"

"人生偶尔也得不按既定的路线走。"

"妳真淘气!"

"哈哈……"洁西卡忽然笑不可支,"你该看看自己方才的那副傻样儿。"

不用说,迪伦当时的脸部表情一定很惊愕。

"妳真淘气!"迪伦重复说过的话。

这次他俩相视而笑。

第二十一章／天使心

迪伦的下班时间是五点，洁西卡是六点，通常迪伦会利用这一个小时的时间差上超市采买或回家打扫卫生（横竖要做，迪伦心想就让自己来吧！这样也能让洁西卡少点儿劳累）。

其实不只迪伦会心疼太太，洁西卡也同样心疼丈夫，如果迪伦拖了地，洁西卡便抹桌子；他若挽起袖子煮饭，她便负责摆盘倒水。反正俩口子的默契极佳，几乎没红过脸，可说是公认的模范夫妻。

这一天，迪伦踢完周末足球赛回家，发现洁西卡红着眼睛。

"妳怎么了？"他问。

"没什么。"她笑着回答。

"是不是又读书了？"

"只读了几章。"

洁西卡喜欢阅读，这原本不是坏事，问题是她太容易与作者产生共鸣，尤其最近读的书多半消沉，这不是好事。

"有一天我要把妳的那些有毒书籍全烧了。"迪伦说。

"你不会。"

"我会。"

"你爱我，所以你不会。"

这下子迪伦没辙了，谁让他爱她入骨？何况洁西卡除了这个"缺点"外，再也找不到其他（有时迪伦不免希望她能不完美一些，好比自私一点儿或偶尔闹点儿小脾气，这样才不会总是吃亏、总是让泪水往肚里流）。

"琳达还经常迟到吗？"迪伦坐下后问。

"她有三个孩子要养。"

这个回答的意思是——琳达还是经常迟到。

"同情归同情，但公事公办，我们的钱不是长在树上，我建议妳辞了她。"迪伦说。

洁西卡答她自有定夺，于是这件事又搁了下来。

几天过后，听说琳达被她的易怒症老公给打断腿，虽然这听起来有点儿不厚道，但迪伦真的松了一口气，心想这下子打发人总算有了名目。哪知洁西卡后来不仅到医院探望琳达，还给了钱（因为听说她家老大没钱参加夏令营），同时承诺为她保留职位。

迪伦听闻后喟然长叹，谁让自己的太太心慈手软，他也只能睁一只眼闭一只眼了。

第二十二章/人身安全保护令

海狮小镇新开了一家马克杯工厂，听说专门生产刻上称谓的杯子。为了给洁西卡带来惊喜，迪伦偷偷买了一对分别刻上"丈夫"和"太太"的杯子，还说等孩子出世后，再把"儿子"或"女儿"的杯子买回来。

"如果生的是双胞胎儿子或双胞胎女儿怎么办？"洁西卡边抚摸刻上"太太"的杯身边问。

"那就买不同色的两个，这样就不会搞错了。"

"有'孙子'和'孙女'的杯子吗？"

"有，当然有。"

"嘻!那太有趣了。"

迪伦以为家里的杯子至少能凑齐十个,同时加紧往那个方向努力,可惜上帝还是没给夫妇俩送来安琪儿,这么一蹉跎,半年过去,而琳达也重新回到工作岗位,因为她的腿伤好了。

夜里,躺在床上的迪伦半认真半开玩笑地说:"如果琳达的老公脾气一上来,又把她的另一条腿给打断了怎么办?"

"不会的,她已经申请人身安全保护令,哈利被禁止接近他们母子四人。"

"他俩离婚了吗?"

"还没,正在办。"

迪伦隐隐感到不安,哈利的暴脾气是镇上出了名的,如果早知道此人的太太会前来求职,他肯定提醒洁西卡别惹祸上身。话说回来,即使事先告知,洁西卡也未必听他的,因为在她眼里,每个人都善良,会使坏乃曾经受伤害,说到底,值得同情。

"怎么了?你好像有心事。"洁西卡说。

"我担心妳啊!"

"没什么好担心，"她拥住他，"生死都是注定好的，如果我死了，你得答应我要好好活下去。"

"说什么傻话？"他抚摸她的头，"以妳的健康状况，我们的杯子起码能收集到孙子辈。"

隔天吃完早饭，迪伦看到洁西卡把白鲸布偶放进塑料袋内，遂问为什么？

"这布偶已经一年多没洗了，我打算下班后把它送到干洗店。"她答。

"既然脏了就扔了吧！我再买个新的给妳。"

"再买就不是同一个了，而且新玩偶未必有明亮的眼睛，像我的一样。"

白鲸布偶是在不得已的情况下买的，又在化解尴尬的情况下送出，没想到洁西卡一直很宝贝它，甚至为白鲸布偶安排了一个专属的座位。

"好吧！随便妳。"迪伦停顿了一下，"今天我跟佩雷斯先生的家属约了下午五点见面，就在糖果屋附近，结束后我去接妳下班。"

"是送奶工佩雷斯先生吗？"

"是的,他前天过世了。"

"上帝安息他!"洁西卡哀叹一声,"我会等你接我下班。"

于是迪伦亲吻洁西卡的脸颊,然后转身上班去。

第二十三章/天崩地裂

拜访佩雷斯先生的家属前,迪伦曾行经红橡树糖果屋,本来想进去跟洁西卡打声招呼,但看到从橱窗前一闪而过的身影,他遂改了主意,心想还是别和琳达打照面为佳。

当佩雷斯太太坐在客厅里侃侃而谈死去的老公时,一连串的警笛声传来,让人不寒而栗。

"怕是哪里失火了。"佩雷斯先生的弟弟说。

"不是,"佩雷斯太太立即否定,"这分明就是警车和救护车,因为消防车是每三秒长声,间隔一秒;救护车是高音一秒，平音一秒，再间隔一秒；警车则非常急促，中间没有间隔。"

迪伦以前没留意到这其中的差别，既然佩雷斯太太言之凿凿，应该就是警车和救护车了，只是这平静的傍晚会出什么事？

"你要不要打回报社问问？"佩雷斯先生的弟弟问，"记者不是对新闻敏感，总是第一个得到消息吗？"

在进入未亡人家中前，迪伦总习惯关手机，此时此刻，他不想为了此事打开手机，因为如此一来会延长采访时间，他可不想让洁西卡等。

"不用了，反正等着看明天的报纸就是。"迪伦答。

采访结束后，迪论步出屋外，结果还没走出巷口就听到怀特太太火急火燎的声音："迪伦，原来你在这里，快，洁西卡出事了。"

"出……出什么事？"迪伦喉咙发干地问。

"你去糖果屋就知道了。"

听到这个，迪伦快步跑向糖果屋，像在做百米冲刺，连拉起警戒线的警察也没能拦住。

"喂！里面不能进。"警察边追边喊。

迪伦哪管得了这个，直冲进去，结果看到糖果屋内一片狼藉，到处血迹斑斑，地上还有一只带血的布偶。

"这……这是怎么回事？"迪伦喃喃道。

追进来的警察答："哈利持枪把人给杀了，包括两名大人，三名小孩。"

"两名大人？"迪伦像被雷击中，抓住那名警察的前襟，怒吼，"谁？"

"琳达和……和……你太太。"

听到洁西卡的名字，迪伦感觉天崩地裂，他方寸大乱地问："人呢？"

"送医院了。"

迪伦立即抛下警察，往医院奔去。

第二十四章/心碎

急救室里没有洁西卡,因为人送过来时已经呈脑死状态,通俗地说——没救了。

"妳说什么?我没听清楚。"迪伦问。

于是护士又复述了一遍。

"不可能,"迪伦猛摇头,"我太太今天早上好好的,我们还约了一起回家,怎么可能说没就没了?"

"我看还是让医生跟你说吧!"

医生说的果然详细多了,包括死者身上总共有四个弹孔,造成致命的伤处在心脏,子弹由右后肩穿过上腔静脉,再从左心室瓣膜射出，几乎不给人有活命的机会……

"胡说！那不是洁西卡，不是！"说完，迪伦抱住头，哭得像个孩子似的。

"迪伦，我想你需要一位心理医生。"

"不！"他呐喊着，"我不需要心理医生，我要的是洁西卡！"

然而再多的抗拒和自以为是皆枉然，洁西卡并没有因此复活，迪伦注定再也无法收集更多的杯子，即便那个刻上"太太"的杯子，也将永远尘封……

第二十五章/残酷的真相

有很长一段时间，迪伦陷入自我怀疑之中，他的太太死了，他却活得好好的，这很可耻，连多呼吸一口气都是罪过。

"迪伦，我知道这很难，但你得走出来。"神父隔着小窗对他说，"洁西卡已经回到上帝的怀抱，你要相信此刻的她內心充满喜乐，你也不要怀恨在心，试着去原谅和祝福。"

听到这个，迪伦忽然觉得向神父告解是一件愚蠢的事，他可以祝愿洁西卡的內心充满喜乐，但不可能不怀恨在心，如果哈利事后没有饮弹自尽，天涯海角他都会找到他，让这个可恨之徒尝尝被报复的滋味！

离开教堂后，迪伦步行至不远处的墓园，那里躺着他这辈子最珍视且钟爱的人……

"洁西卡，昨天房东说要把糖果屋拆掉重建，问我有没有东西遗留在里面？于是我又重回事故现场。对我来说，这很困难，因为那里还保留事发时的状态，只要一想到妳为了救孩子而殒命，我的心就好痛，好痛……后来我拿走带血的白鲸布偶，不管上面的血是不是妳的，也算是给我留了一个念想。"

警察曾说哈利持枪杀了糖果屋内的两大三小，但并没有说他杀光里面的所有人，收银员玛丽便是幸存者。后来玛丽向迪伦描述整个案发经过，原来当天琳达的孩子来找母亲，老三汤姆发现布偶，她还制止他碰，但洁西卡说没关系，反正待会儿送洗。到了近五点钟，哈利进到糖果屋内，大喊琳达的名字，由于手里握着枪，店内客人纷纷逃离（还好正值暑假期间，橱窗前少了观看制糖过程的孩子们）。洁西卡来不及脱下制糖用手套，一边要玛丽泡茶，一边走向哈利要他冷静下来，哪知哈利用力推开洁西卡，然后给了琳达好几枪。玛丽吓得躲到柜子下面，紧接着数声枪响，她大气不敢吭一下。待脚步声远去后，她才站起身查看，结果发现洁西卡趴在三个孩子的身上，那只布偶还被汤姆抱在怀里……

这个真相无疑将迪伦推向更痛苦的深渊，很明显，哈利的杀戮对象并不包括不相干的人（否则玛丽也不会全身而退）。换言之，倘若他行经糖果屋时能进去打声招呼，也许就能拯救自己的太太，至少"舍身救人"的情况不会发生。

"洁西卡，我该怎么说妳？"迪伦仰天长叹，"妳对别人仁慈却对我残酷，失去妳，我要怎么活下去？怎么活下去？"

第二十六章/意外的访客

报社虽然理解迪伦正处于人生的艰难时期，但职位不能老空着，于是法定丧假日一过，主编委婉地询问他可有回来工作的打算？

"不了，我的工作是写讣闻，现在的我根本无法面对任何死亡事件。"他在电话中答。

"我了解，你的确需要更长的时间去抚平伤口。这样吧！你的薪水我帮你争取发到这个月月底，以后如果有什么需要，告诉我一声，上帝祝福你！"

没想到这个抚平伤口的时间长得超出想象，一眨眼，两年过去了，镇上的人也从同情转为冷漠，一提起迪伦，无不摇头叹息地给出评价:"哎!那个自我放逐的人。"

自从失去报社的工作,一开始,迪伦靠失业救济金过活,半年后,劳工开发部安排他去扫公园,他嫌麻烦,没去,结果连唯一的收入也被收回,还好住房是父母留给他的,不致于睡大街,但日常所需还得解决,于是迪伦成了垃圾桶的淘客,逢大件物品回收日,更是满载而归,所以也难怪镇民的态度会丕变,当初的阳光小子如今与社会严重脱节,任谁看了都会惋惜。

这一天夜里,屋外响起欢乐的笑声,依稀能分辨是孩子们在讨要糖果,"不给糖就捣蛋"的话语此起彼落。

"原来又到了万圣夜。"迪伦对着带血的白鲸布偶说,"放心,不会有孩子来敲我们的门,因为我现在是个怪人,人见人怕。"

话音刚落,敲门声响起。

"完了,是孩子们来讨要糖果,"迪伦心想,急得像只无头鸡,"我该怎么办?"

此时,他忽然忆起几天前在垃圾桶内找到的巧克力,虽然过期了,但应该不碍事,于是捧着铁盒子去应门。

"迪伦，看看你现在成了什么样？洁西卡若见到了，该有多伤心！"

迪伦万万没想到屋外站着的是他的岳父岳母，一时竟无言以对。

"你打算让我们在屋外站着吗？"岳父又问。

他只好让开身，让两位老人进屋。

面对眼前一屋子的凌乱，只一会儿的工夫，站着的访客便决定带迪伦回红橡树小镇。

"不，我在这里很好，不想去任何地方。"迪伦边答边感到困窘，家里的沙发堆满杂物，连邀请客人入座都开不了口。

"你一定得跟我们走，"岳母说，"这个家已不成家，到处是垃圾，味道也不好闻，竟然还有个脏兮兮的玩偶，你真能忍受？"

自从拿回白鲸布偶，迪伦就没洗过，加上血迹干了，颜色变得暗沉，看起来的确脏兮兮的。

"请别管我，这是我家，我能忍受就好。"

也不知是哪句话触碰到岳母的敏感神经，她顿时泣不成声。

"你怎能如此堕落？"岳父厉声喝斥，"难怪洁西卡要我们带你回红橡树小镇。"

后半句话让迪伦无比震惊，忙问这是怎么回事？

岳父答："芬妮做梦梦到洁西卡，她要我们接你到红橡树小镇住上一段时间。"

"可是洁西卡的墓地在此，我不想离开她。"迪伦说。

岳父表示这不是永远地离开，一旦他又能过上正常的生活，随时可回海狮小镇。

"让我考虑考虑吧！"迪伦答。

隔天，当岳父岳母又来敲门时，迪伦已经刮好胡子，穿上"比较"干净的衣服，同时手里拎着一个行李箱去应门。

"现在能走吗？"岳父问。

"可以。"

关好房门后，这三人上了车，往红橡树小镇的方向驶去。

第二十七章/重新融入社会

岳父岳母的意思是让女婿住在洁西卡的房间里,但迪伦不愿破坏它原有的秩序,主动表示自己可以住在楼梯下方的储物间。

"储物间没有窗户,也没有供暖设备。"岳母答。

"没事,我扛得住,若真受不了再说吧!"

事已至此,岳父岳母便不再坚持。

到了晚餐时间,迪伦才发现事情远比想象的还要棘手(他原以为只要表现出积极乐观的样子,顶多住个几天就能回海狮小镇,但两老人可不这么想,他们认为迪伦首先得找一份工作,而且至少持续三个月没被辞退才算数)。

"现在是秋末,很难找到工作。"迪伦说。

"这不是事实。"岳父答,"下个月就是圣诞节了,起码大卖场是需要人的。"

于是迪伦到大卖场找工作,果然不费吹灰之力就得到搬运工一职。对于迪伦来说,这个结果不坏,有了工作,他就能给岳父岳母付房租和伙食费,而自己也能接触到人群,他已经自我封闭太久,是时候做出改变。

就这样,迪伦开始了他的规律生活。

话说迪伦工作的大卖场离岳父母家有一段距离,实施两班制,迪伦被分配到下午班,即下午一点到晚上七点(这很好,他可以吃过午饭再出门,回家刚好又赶上吃晚饭)。然而才过两天,迪伦就发现这个时间段太不友好了,等于一天三餐都得陪岳父岳母吃饭,简直是酷刑,于是跟经理提调班。

"抱歉,我做不到。"经理答。

"那我也做不到。"

"什么意思?"

"意思是我不干了。"

年底是大卖场最繁忙的时候,因为圣诞节将至,有些员工要嘛请长假,要嘛趁机换工作。换言之,人手严重不足。

"等等,"经理大叹一口气,"让我想想办法。"

后来迪伦如愿调到上午班,每天六点即起,刚好避开与岳父岳母共进早餐的机会,而下午下班后也有了在外吃午餐的借口。如此一来,每天只需应付晚餐这一餐,相比从前,那要好太多了!

秋去冬来,当天凝地闭之时,迪伦已经在红橡树小镇待了近三个月,是时候离开,可是当他向大卖场经理提辞职时,却被再三挽留,无奈之下,他答应做到复活节假期结束,所以当岳父问他何时回海狮小镇时,迪伦便把前因后果都交待了。

"可是杰瑞一家这周末会来拜访我们。"岳母说。

杰瑞是洁西卡的弟弟,也就是他的小舅子,目前住在离红橡树小镇约两百公里的海德堡小镇。

"没关系，"迪伦马上接口，"我可以搬到旅馆住。"

之所以这么答是因为他很理解老人的难处——女婿住在储物间，这要如何解释？同时家里也挤不下那么多口人。

"等杰瑞、珍和孩子们都走了之后，你再搬回来住。"岳母说，像是为了弥补什么。

"何必麻烦？"他答，"反正两个多月后我就回海狮小镇，无需搬来搬去。"

于是几日后的周五，上完班的迪伦找了家宁静的咖啡馆坐坐，等身心都准备好才回去拿行李。离别的场景并没有想象中难捱（事实上太一般了，甚至感受不到一丝的难过或不舍），与两老人互道珍重和相互拥抱后，迪伦驱车到那个一开始就叫错他名字的旅馆。

第二十八章/改店名

红橡树小镇的旅馆并不难找，但迪伦还是舍近求远，原因是这附近的人都知道迪伦是洁西卡的丈夫，见到他时总会说些关心但实际上让他心烦的安慰话。他不需要这些，所以宁愿搬远一点儿，但又担心搬进一个龙蛇混杂的地方，所以选择他熟悉的郁金香旅馆，可是……

迪伦站在旅馆前好一会儿，店名改了，连黄色郁金香的图标也变成紫色球花，莫非老板换人了？

正迷惑时，一辆汽车在他身后停下，问："住宿吗？"

迪伦转过身去，当看到熟悉的人，很是兴奋地答："是的，是的。"

"你……你是迪伦？"

"是的,是的。"他重复说着。

然后老板要他进去,莱斯莉会帮他办理住宿。

"原来老板娘的名字叫莱斯莉。"迪伦边想边去推旅馆大门。

"午安。"柜台前一个胖得让人喘不过气来的年轻女子说。

"……午安。"迪伦答。

"住宿吗？"

"是的。"

然后迪伦掏出证件,直到女人写下"迪伦",他才松了一口气,心想还好不是"杜伦"。

"这是你的钥匙,112室。"莱斯莉对他说。

"谢谢！"迪伦收下钥匙,"对了,店名为什么改了？我记得以前叫郁金香旅馆。"

"是老板娘坚持改的,但改过后,她老问为什么图标变成了紫色风信子？"

"啊？……这……"

"你听过阿尔茨海默症吗？老板娘患上的正是这种病，时而正常，时而糊涂。好几次我没注意到，让她偷偷溜出去，还好邻居们都知道她患病，主动将她送回来。"

现在迪伦终于搞清楚了，包括老板没另娶，原来的老板娘也不叫莱斯莉。

"这里的附设餐厅还开吗？"迪伦问。

"开。"

迪伦心想太好了，至少今晚的晚餐可以在旅馆内解决。

第二十九章/失忆

迪伦一步入餐厅就看见有人向他招手。

"妳怎么在这里？"迪伦走过去问。

"七点了，我吃晚餐。"旅馆老板娘答。

此时，服务员走过来问客人想坐哪里？

"他当然跟我坐。"旅馆老板娘代答，然后转头问迪伦，"你不介意吧？！"

"当然不介意。"迪伦拉开椅子坐下，接着转向服务员，"请给我蒜油虾和白面包，另外还要一杯橙汁。"

待服务员走后，旅馆老板娘问他不是不吃大蒜？

迪伦一头雾水，很确定地答："我吃。"

"那天我问你有什么忌口的？你明明回答不要大蒜。"旅馆老板娘很笃定地说。

"哪天？"

"就是洁西卡送你去水族馆的那一天。"

迪伦猛然记起的确有这么一回事，当时他害怕吃完口气不好，所以要求别加大蒜。

"是的，但此一时彼一时，我现在吃大蒜。"

"大蒜是个好东西，连专家都说哺乳期的妇女若吃大蒜，能给母奶消消毒。"

迪伦听完哈哈大笑，问这是哪门子专家？

旅馆老板娘没回答，反而问："你喜不喜欢像洁西卡这样的？如果喜欢就勇敢去追，时间可不等人。"

迪伦一时不知该如何回答，还好旅馆老板适时过来解围。

"妳又当丘比特了，"旅馆老板对太太说，"也不怕吓到客人？"

"怎么会吓到？像洁西卡这么好的女人，还是单身，这世上可不多见。"

旅馆老板迅速放下这个话题，转向迪伦致歉，因为自己的太太……生病了。

"我知道，莱斯莉已经告诉我了。"迪伦小声地答。

大概害怕自己的太太又说出失礼的话，旅馆老板请迪伦移驾到靠近窗户的位置。

"杜伦，"旅馆老板娘忽然对他喊出一个很久没有听到的名字，"别忘了待会儿洁西卡会来接你。"

"我不会忘的。"迪伦苦笑着答。

用餐过后，迪伦回到112室，和衣躺在床上。

"我该不该换个旅馆？"他边看着天花板边自言自语，"如果不换，会不会到最后自己也会像老板娘一样，陷入一种时空混乱的状态？"

隔天，迪伦六点钟即起，来不及吃早餐便赶着去坐公交车，因为工作地相比从前又远了一些，还好今天的公交车很准时，没让他久等。

"你是今天的第一位乘客。"司机对他说。

"是吗?"迪伦把准备好的零钱投进机器内,然后取走一张票,"也许接下来的两个月里,我都会是第一位乘客。"

司机接着问他是不是在水族馆工作?

"不是,我在沃尔玛工作。"他停顿了一下,"这班公交车会经过水族馆吗?"

"会,终点站便是。"

原来现在坐公交车也能到,迪伦记得他那会儿去水族馆,交通可没那么便利。

坐下后,迪伦看向窗外,晨光熹微,此时的红橡树小镇被蓝灰色的薄纱笼罩着,有股忧郁的气息。

约莫十分钟后,车子行经知更鸟小学,迪伦忍不住往左手边看去,甜蜜糖果屋还在,可是他的妻子却没了……

一股忧伤像巨石般重重地压在迪伦的胸口上,他立即拉下车窗上的绳子。

"离下一站还有500米。"司机对迪伦说。

"我……我想吐。"他答。

司机只好停下车来。

等公交车驶远后,迪伦才奔跑起来,并且越跑越快,越跑越快,直至身体里的每个细胞都丧失记忆为止……

第三十章/重生的爱

下班后,迪伦在工作的大卖场买了个冷冻三明治当午餐,吃完刚好公交车来了。上车后,他特意挑左排的位子坐,这样可以避免"睹物伤情",然而当车子停在圣路易图书馆前(知更鸟小学的前一站)时,他还是跟随人群下车,因为绕到图书馆后门,再沿着高速公路往回走,一样能抵达旅馆,只是如此一来,又多花费了十数分钟。

"迪伦,怎么今天早上没见你出去?"旅馆老板娘一见他就问。

"我很早就出门上班。"

"上班?"

"我在沃尔玛上班，靠近港口的那一家。"

旅馆老板娘表示她知道那家大卖场，挺远的，问迪伦为什么不换个近一点儿的？

解释这个得话说从头，等他答完，旅馆老板娘红了眼眶。

"妳怎么了？"迪伦问。

"我想起了洁西卡，这么好的姑娘却被枪杀了，你一定很难过吧？！"

迪伦忘了小镇人口少，每个人都彼此认识，几乎没有秘密可言，何况这则新闻曾登上当时的全国头条，没理由旅馆老板娘会不知情。

"咳咳！"迪伦咳嗽两声，正想着该如何回答时，眼睛瞄到旅馆的图标，"我记得这家旅馆以前叫郁金香，怎么改名了？"

新话题打开旅馆老板娘的话匣子，她说她喜欢郁金香（尤其是黄色的），这也是店名的由来，可是有一天一位客人却告诉她"黄色郁金香"代表无望的爱，从此怎么看怎么不舒服，所以改为风信子旅馆，因为风信子代表重生的爱，也就是忘记过去的悲伤，开始崭新的爱。

"忘记过去的悲伤，开始崭新的爱。"迪伦复述着，"这个寓意很好！"

"是的，刚好我丈夫喜欢紫色，所以图标便选择紫色。"旅馆老板娘停顿了一下，"你该不会不知道风信子有很多种颜色，紫色只是其中一种吧？！"

迪伦的确不知道，但仍点头答知道。

"哎呀！看我又拉着客人说个不停。"她笑得很无邪，"你刚下班回来，一定很累，还是赶紧回房休息，我也要到邮局寄封信。"

于是他们互道再见，然后往各自的方向走去。

第三十一章/失而复得

迪伦没有睡午觉的习惯,可是今天不知怎的,才在床上眯了一会儿便睡着了,再醒来时已是傍晚时分,他决定出门找吃的,结果在旅馆大厅遇到一脸焦急的老板。

"怎么了?"迪伦问。

"我太太不见了。"

"不见了?什么时候的事?"

"应该是下午两、三点的时候,当时莱斯莉有事外出,我又忽然肚疼,所以离开柜台一会儿,我猜我太太就是那时候离开旅馆的。"

迪伦想起那个时间段自己曾见过老板娘，遂告知可能的去向。

"这么说她去了邮局，我这就过去找。"旅馆老板说。

"我也一起去。"

结果找了附近几家，依然无果。

"乔奈儿，"旅馆老板趴在驾驶盘上无助地呼喊着，"妳到底在哪里？"

迪伦很想安慰他几句，却又不知从何说起。此时，手机铃响，旅馆老板的声音立刻从消沉转为高亢，待通话结束，迪伦问："是不是你太太找到了？"

"是的，"旅馆老板启动车子，"原来她在路上遇到熟人，两人进到咖啡厅里叙旧，一聊天就忘了时间，而咖啡厅的老板还以为我知道太太的去向。"

一路上，车子风驰电掣，像有什么在后追赶着。没多久，迪伦看到风信子旅馆前站着一位微胖的女性，看见来车，高兴地挥舞双手。

"你瞧，我找了她一下午，她反倒没事似的，看我不骂她才怪！"旅馆老板说。

结果一下车，刚刚还说要骂人的男人立即搂紧太太，一句话也无。

迪伦静悄悄地走开，他多么希望洁西卡也是与人聊天忘了时间，而不是永远地在他的世界里消失……

第三十二章/祝福

时间匆匆又过去数日,现在迪伦终于摸索出与旅馆老板娘的相处之道——如果她唤他迪伦,便是正常;如果她唤他杜伦,代表她又迷糊了。

"杜伦,你为什么改主意了?"旅馆老板娘听说他要办理续住,遂问。

"这很正常,"莱斯莉抢答,"也许我们的旅馆很令他满意。"

"杜伦,是这样的吗?"旅馆老板娘不依不饶地问。

当初迪伦预定住宿七天是因为身上的现金不够,等工资一发下来,便想着把这个月剩下的天数一次性付清,没想到引起老板娘的误会。

"是的,我很满意贵旅馆,所以决定续住。"他答。

"那么你一定要抽空去一趟这里的水族馆。"

"我去过了。"

旅馆老板娘充耳不闻,依旧热情地介绍:"水族馆是红橡树小镇的名片,这还得感谢米勒先生,他把中奖彩金全数拿来兴建这座水族馆,私下还贷了不少款,可惜突发心脏病,无缘亲眼目睹它落成,目前的经营者是他儿子。"

"听妳这么一说,真的很值得再去一次。"迪伦赶紧换话题,"对了,老板人呢?"

"他到教堂值班去了,我们夫妻俩都是义工,轮流上班。"

话甫歇,旅馆老板从某个房间走出来,边答"我刚做完义工回来"边对迪伦使眼色。

"这么快?"他太太问,"我以为你下午才会回来。"

"现在已经是下午了。"

"是吗?"

"是的。"

然后两夫妻边聊边往外走去,声音逐渐模糊。

"他俩去哪儿?"迪伦问莱斯莉。

"应该是散步去了,不到太阳落山不会回来。"

迪伦的脑海里立即浮现那两人手牵手漫步的情景。

"这对夫妻的感情真好,不是吗?"迪伦说。

"是的,我也想快点儿找到那个陪我散步、看夕阳的人。"莱斯莉收回遐想的目光,"你找到了吗?"

"找到什么?"

"那个陪你散步、看夕阳的人。"

迪伦不仅找到了,还曾拥有过一段幸福无比的时光,只是时间太过短暂……

"找到了。"迪伦答。

"太好了!"莱斯莉把眼睛笑成弯月型,"祝你和那个人能永远幸福下去。"

第三十三章/第二次参观水族馆

童话故事里的王子和公主最后都以"从此过上幸福快乐的生活"完结，然而现实世界里却很难做到，因为即使身份高贵，相爱的两人也难免不会为了小事磕磕绊绊。每当这时候，迪伦总心怀感激，因为他和洁西卡虽然不是王子与公主，但真的过上幸福快乐的生活（至少迪伦是这么认为的），这还得感谢洁西卡宽大的胸怀。然而为什么美好的日子总是如此短暂？莫非上帝也嫉妒他俩？倘若真是那样，迪伦的信仰恐怕要坍塌了，因为长久以来他一直坚信所有的安排都是上帝的恩赐与祝福，包括死亡……

这一天，迪伦因为琐事与大卖场的另一名员工闹矛盾，带着怒气的他故意坐上反向车，打算看看不一样的风景，好转换心情。结果上车没多久，他便猛然忆起自己下班忘了打卡，于是拉下车窗上的绳子。

"离下一站还有800米。"司机对他说，"你该不会又想吐了吧？！"

司机用了"又"字，迪伦遂把目光投向他，那张侧脸看起来有些面熟。

"有一天，车子刚离开知更鸟小学站，你就拉铃说想吐。"司机边解释边从后视镜瞄他。

现在迪伦终于想起来了，的确有这么一回事。

"不，我不想吐，请继续开车。"他答。

可是当车子抵达下一站时，下车与不下车反倒成了两难，因为这是港口站，想坐反向车回镇上的人很多，他不见得能挤上。

"我看我还是在下一站下车吧！"迪伦说。

"既然这样，何不多坐两站？等看完水族馆再走。"

迪伦记起这班公交车的终点站正是水族馆，多年未见，看看也好，于是接受司机的建议。

到了终点站，迪伦有点儿不敢相信自己的眼睛，因为从前的水族馆门可罗雀，如今却是人潮汹涌，连购票都得排队，简直不可同日而语。

当轮到迪伦时，售票员告诉他可走本地居民通道，不需要买票。

"我不是本地人。"迪伦说。

"你是洁西卡的丈夫，不是吗？这么好的姑娘却……抱歉！我话多了。"

"没事，我这就过去。"

迪伦注意到只要待在一个小镇够久（不论红橡树小镇或海狮小镇），人后的称谓很可能变成"爱喝咖啡的某先生"或者"总是穿花裙子的某小姐"，可想而知，如今的他已成了"妻子被枪杀的伍德先生"。换作从前，迪伦可能又要沉浸在痛苦的深渊里无法自拔，但现在他已经能够接受旁人偶尔提到他那可怜的妻（不接受也不行，因为旅馆老板娘发病时总会提到洁西卡，久而久之，他被迫习惯了）。

只一会儿的工夫,迪伦便已将心情重新整理好,然后踩着稳健的步伐往验票口走去……

第三十四章/迷雾

进入水族馆之后,迪伦很快发现不一样之处,不仅馆内生物明显增多,极地区甚至出现北极熊和企鹅,还有,游客相比从前要多出很多,所以不可能再有贵宾级别的一对一解说服务(还好这不是他第一次参观,不听解说也无所谓,于是想当然尔地离开队伍)。当他行经中央大屏幕时,如果不是有位老师正在向一群小学生介绍白鲸,迪伦很可能会错过。

"白鲸是鲸类王国中最优秀的'口技'专家,能发出几百种声音,包括人类的声音……"那位胖胖的女老师侃侃而谈,背后有一条白鲸游来游去。

"老师，"一位小朋友发问，"为什么水里只有一条白鲸？它不孤单吗？"

"这是个好问题，也许待会儿我们找工作人员问问。"女老师答。

待那群师生走开后，迪伦才靠过去，隔着一层玻璃，那条白鲸正与他对视，明亮的眼睛让他联想起自己那已去世两年多的妻。

"洁西卡。"迪伦边念爱妻的名字边抚摸，若不是中间有层玻璃隔着，他应该可以触碰到白鲸的脸颊。

没想到那条白鲸接下来的举动竟是将脸贴紧玻璃，像是回应迪伦的呼唤。

这是迪伦第一次感觉到离洁西卡如此之近，他痴痴地望着这条水中生物，像被一种力量牵引着，白鲸游到东，他的目光跟到东;白鲸游到西，他的目光也跟到西，好似永远也看不厌……

直到闭馆的广播声响起，他才惊觉自己已经站在玻璃屏幕前这么许久，怕有两个小时了。

"再见，洁西卡。"迪伦对白鲸说。

那条被迪伦唤为洁西卡的白鲸在水中翻了个跟斗，仿佛也在向他道别。

隔天下班后，迪伦迫不及待又来到水族馆，与昨天不同的是，此时中央大屏幕前站着的不是一群师生，而是亚洲游客，他们不仅对着白鲸品头论足，还打开闪光灯拍照。可怜的"洁西卡"似乎受到惊吓，在水里来回逃窜。

"请别打开闪光灯拍照。"迪伦大声嚷着。

嘈杂声立即停了下来，但只一会儿工夫又故态复萌。

"老天！"迪伦火冒三丈，"你们听不懂我说的吗？请别打开闪光灯拍照。"

兴许声音大了点儿，拿着小旗子的导游匆忙赶来，问出了什么事？

"闪光灯会吓到白鲸。"迪伦解释。

"对不起，"他鞠了个45度躬，"我会告诉我的团员。"

待观光客离开后，迪伦对白鲸说："别怕，我会保护妳！"

那天，迪伦同样待到闭馆的广播声响起，才依依不舍地离去。

从此，"向水族馆报到"成了迪伦不可推卸的使命（万一游客又打开闪光灯拍照该怎么办？他已经答应白鲸要保护她）。除此之外，他隐约还感觉到"洁西卡"渴望见到他，这无疑是种激励，迪伦已经好久没有"被需要"，岂能辜负？

这一天，当他从水族馆回来，立即被旅馆老板娘叫住："迪伦，你是不是谈恋爱了？"

当老板娘唤他迪伦时，代表她的头脑是清楚的。

"妳为什么会这么想？"迪伦好奇一问。

"因为你全身上下散发出耀眼的光芒，这是恋爱中的人才会有的现象。"

自从每天到水族馆看望白鲸后，迪伦能感觉到自己的活力又回来了，只是没料到竟会被老板娘察觉到。

"没有的事。"他立即否认。

"你已经鳏居两、三年了，接受新恋情很正常，不需要害臊。告诉我，是哪家姑娘？"

迪伦一时不知该如何回答，还好旅馆老板适时过来解围。

"妳又当丘比特了，"旅馆老板对太太说，"也不怕吓到客人？"

"怎么会吓到？洁西卡一定也希望迪伦能遇到一位好女人，从此过上正常的生活。"

旅馆老板迅速放下这个话题，转向迪伦致歉，因为自己的太太说了失礼的话。

"我不介意，你的太太没有恶意。"他答。

然而回到房间的迪伦却因方才老板娘的谈话而陷入迷茫，并且越理越乱，他……真的谈恋爱了？

第三十五章/背叛

当天晚上,迪伦做了一个奇怪的梦。梦里,他置身于蓝色大海之中,四周围尽是各形各色的鱼,底下则是五彩斑斓的珊瑚。他游啊游,越游越远,越游越深,直至遇见一个浅灰色的身躯……

"你来了。"白鲸对他说。

迪伦太讶异了,以致张口结舌。

"为什么如此惊讶?"白鲸又说,"我以为你早认出我来。"

接着白鲸在水中连续打了好几个滚,肥胖的躯体也越滚越瘦,然后像雕塑形体般,开始有了丰满的胸部、纤细的腰身和长长的腿,而原本光滑的头部也长出浓密的秀发,五官同时发生变化,出现弯弯的眉毛、大大的眼睛、性感的唇和让人一眼即沦陷的嘴角梨涡……

"洁西卡！"迪伦惊呼。

此时的洁西卡全身赤裸着，这激起迪伦内心压抑许久的欲火。他游向她，两人在水中亲吻、爱抚、交媾，直至身体密码全被激活为止……

当闹钟响起，迪伦猛然惊醒，发现裤裆已湿了一大块，赶紧起身淋浴，接着火急火燎地奔向沃尔玛。

"早！迪伦。"同为搬运工的布莱恩一见他就说。

"早！"

"你是不是有什么喜事？"

"喜事？"迪伦想了一下，"没有，你为什么这么问？"

布莱恩解释因为迪伦看起来很开心的样子，且脸色红润，如果不是中了彩票，他猜便是得了一夜春宵。

后面那句让迪伦胆战心惊，怎么自己就这么藏不住心里事？

"哈哈！"迪伦尴笑两声，"你的想象力太丰富了。"

下班后，迪伦三步并作两步地奔向公交站牌，恨不得马上就能见到"洁西卡"，好向她倾诉这一上午的思念。可是当车子越靠近水族馆，他反而越退缩，怀疑自己是否患上了某类精神疾病，否则怎会对不同的物种产生爱恋？还好见到"洁西卡"之后一切如常（白鲸没有异样的表现，应该不知道迪伦曾做了一夜春梦），这让迪伦提着的心放了下来。

"昨晚我梦见妳了，"迪伦说完，小心查看四周，确认无人注意后又说，"也梦见我太太，她叫洁西卡，与妳同名。"

其实直到目前为止，迪伦也没搞清楚梦境里的两个洁西卡是否为同一人？他希望是，但又感觉不是，因为经过这几天的相处，水里的"洁西卡"显然更活泼与孩子气一些，如果硬要将两者合一，连他自己都无法说服。

由于有了昨晚的亲密接触，今天迪伦对"洁西卡"说了不少话，就像找到树洞一样。也难怪，虽然眼前的白鲸是动的，但怎么游都会回到迪伦面前做短暂停留，而且貌似听得懂，当迪伦讲到动情处，"洁西卡"竟也一脸哀戚，面对如此听众，他怎能不畅所欲言？

"都过去了，"迪伦对白鲸说，"我现在要重新找回生命的力量，而这正是妳给予我的。"

此时的"洁西卡"点点头，似乎认同他说的。这无疑替迪伦打了一针强心剂，让他的"背叛"得到充分的理由。

第三十六章/铃兰和满天星

大卖场经理听说迪伦打算长做下去，自然同意，同时建议他不妨加班，因为加班费很可观。

"不了，下午我有事。"迪伦答。

"你是否也在别的地方打工？如果是，我可以帮你申请轮两班，也就是早七晚七，这样你就不用两头跑。"

迪伦笑了，如果不是为了填饱肚子，他宁愿不工作，现在既然饿不死，何苦汲汲营营？

经理听完没勉强他，只强调大卖场缺人手，哪天他若改主意，随时欢迎！

就这样，迪伦算是在红橡树小镇安顿下来，并且过起了规律的生活（早上上班，下午到水族馆报到），直至七月五日这天的到来。

其实早在六月底之前，迪伦就已经提前为这个特殊的日子做准备（譬如事先向大卖场请假和上理发院修剪他的一头乱发），可是等这一天真正到来，他还是觉得自己准备得不够充分，好比没料到长胖的身体根本塞不进旧礼服里，以致不得不换上印有小熊图案的T恤和深色运动裤，这让他看起来有些不够庄重。

当灰狗巴士终于开进海狮小镇时，迪伦忽然有种近乡情怯的感觉，恨不得一完成任务就即刻调头回红橡树小镇，谁也不见，可是实际情况却由不得他，因为怎么也得买花。

迪伦后来在花店挑中一束铃兰，那形似铃铛的白色小花看起来很可爱。

"这是铃兰，寓意是真挚的爱情，你选对了吗？"花店老板善意地提醒他。

"选对了，花是送给我太太的。"

"你太太真幸福。"花店老板仔细打量他，"等等，你……你是迪伦？"

迪伦只得承认，这一承认便是无穷无尽的关心与问候，让他颇为无奈。

"抱歉，我得去看看洁西卡，今天是她的忌日。"

听说今天是洁西卡的忌日，花店老板立刻从店后拿出一大束的满天星，说："这是我送给洁西卡的，花语是想念。"

"谢谢！"迪伦收下满天星，"我一定会把你的心意送到。"

第三十七章/矛盾

近一年不见，洁西卡的墓地已经有了历经沧桑的模样，以致迪伦费了好一番功夫才打扫完毕。

"今天花店老板一开始并没有认出我来，"迪伦一边调整花的位置一边说，"大概因为我变胖的缘故。没办法，钱不多，只能挑便宜的淀粉类食物吃，怎能不胖？"

谈完吃的，他又说了些家常，结果不管怎么绕，还是回到他原本不想提的话题上。

"有一天晚上我梦见妳了，也梦见水族馆里的白鲸，她叫洁西卡，与妳同名。"迪伦说完，小心查看四周，确认无人后才说,"梦里,妳和白鲸同体,我们后来……后来在水里做爱,那滋味美妙极了,妳说……我是不是生病了?"

迪伦问完,刻意等了一小会儿,结果除了夏风吹过耳边的声音,什么也没有。

"如果妳介意的话,下回我不那么做就是。"迪伦喃喃道。

这次回复他的除了带着热气的风声,还包括树上的蝉鸣,在这炎热的午后,更显孤寂……

离开墓园后,迪伦快速跳上灰狗巴士,等车子一抵达红橡树小镇,他立即打车至水族馆,还好在闭馆前赶到。

"今天是我太太的忌日,我给她买了束花送过去。"迪伦对白鲸解释,那样子像是怕情人吃醋。

白鲸听完,焦躁地来回游动。

"我不是赶回来了吗?"迪伦颇感无奈地说。

此时,即将闭馆的广播声响起,迪伦不得不道别离,结果白鲸立即游了过来,眼里流露出不舍。

其实迪伦也不想离开，脑筋一转，他有了大胆的想法。

等馆内所有人都离去后，故意躲藏起来的迪伦才现身，他偷偷穿上饲养员的潜水衣，然后毫无犹豫地跳进水里去。

啊！那真是激动人心的时刻，他俩在水里嬉戏、追逐，像一对真正的恋人……

"迪伦，你怎么这么晚才回来？"穿着睡衣的旅馆老板问。

"我回了一趟海狮小镇，今天是洁西卡的忌日。"

"噢！可怜的姑娘，你一定很难过。"

迪伦心头一惊，他的确应该难过，可是两个小时前他却和另一个洁西卡在水里玩得不亦乐乎。

"我回房去了，晚安。"迪伦说。

"晚安，不过我还是要提醒你——本旅馆的关门时间是晚上十点，非必要请勿晚归。"旅馆老板停顿了一下，"当然，今天例外。"

迪伦回答知道了，然后转身回到房间。

第三十八章/白色谎言

对于迪伦来说，今天真是跌宕起伏的一天（早上还怀着悲伤的心情，夜里却很欢快），他感觉自己好像有两张面孔，一个循规蹈矩，另一个却很虚伪，这是个危险信号！

思前想后，迪伦决定不再去看望水族馆里的"洁西卡"，让一切回归正轨，而且为了加强执行力度（不让自己有反悔的机会），隔天他便提出辞职。

"怎么这么突然？"大卖场经理说，"你总得给我一个缓冲的时间啊！"

"行，多久？"

"起码也得十天。"

于是当下敲定迪伦做到7月15日，他甚至事先买好那天下午回海狮小镇的车票，就怕自己有一丝的动摇。

两天后，上完班的迪伦在大卖场买了个冷冻三明治当午餐，吃完刚好公交车来了。上了车，他踌躇了一会儿，最后选择右排的位子坐下。几站过后，车子停在圣路易图书馆前，这次他没像往常一样跟着人群下车，而是继续乘坐。等车子行经甜蜜糖果屋时，一股不寻常的感觉涌上心头——他仍然悲伤，但没那么难受，真要形容，大概就像手指轻轻滑过已结痂的伤口……

"杜伦，今天的水族馆之旅怎么样？"旅馆老板娘问。

"我没去。"

"没去？早上洁西卡不是开车送你去？"

"洁西卡已经死了。"

"死了？什么时候的事？"

"已经三年了。"

旅馆老板娘听完，很是诧异。迪伦安慰她生死有命，既然无法改变既定事实，活着的人就该好好活下去……

"告诉我，今年是哪一年？"老太太问。

迪伦正要回答，旅馆老板忽然插嘴："今年是1990年，日期是4月1日愚人节。"

"哈！我就知道杜伦开我玩笑。"老板娘看向迪伦，"不过这玩笑开大了，你可不许当着洁西卡的面说。"

迪伦望向旅馆老板，后者对他使了个眼色。

在迪伦看来，旅馆老板的白色谎言不难理解，比较难理解的反倒是自己的改变，原来他已经能坦然地谈论洁西卡的死亡，这到底是幸还是不幸？

又过了几天，迪伦在回程的公交车上意外听到后排乘客的谈话：

"听说已经好几天不吃不喝了。"

"水族馆不是有兽医在？"

"是有，但连兽医也查不出病因，那才糟糕！"

"只有这么一条白鲸，可别出什么差错啊！"

. . .

听到这里，迪伦立即转过头去，问："你们说的可是水族馆中央大屏幕内的白鲸？"

得到肯定的答复后，他果断拉下车窗上的绳子，无一丝犹豫。

第三十九章/噩耗传来

远远的，迪伦看到中央大屏幕前站满了人，目测本地居民多过游客，想必他们都担心白鲸的身体状况，所以前来探望。

迪伦慢慢地向前挪动脚步，既害怕白鲸发现他，又害怕它没发现他，很是纠结。

"看！饲养员已经尝试喂它好几次，可是它还是不吃。"

"我认为白鲸若不是生理出现问题，那就是心理因素了。"

"没错,也许它患上思乡病,何不放回大海?"

"倘若每条鱼都放回大海,水族馆可以关门了。"

"话不能这么说,现在白鲸出现绝食现象,肯定得做点儿什么,否则只能眼睁睁看着它死。"

……

人们你一言我一语地发表看法,只有迪伦知道症结所在。

直至饲养员放弃投喂且即将闭馆的广播声响起,围观人群才接二连三地离去,最后只剩迪伦。

"洁西卡!"他喊着。

然而水中白鲸依旧保持头上尾下的静止动作,看起来就像睡着了(迪伦不愿往死亡的方向想)。

"洁西卡!"他轻敲玻璃,"是我,迪伦。"

白鲸猛然惊醒,当发现是迪伦时,她的喜悦完全藏不住,不断地磨蹭玻璃。

迪伦也将脸贴紧玻璃，回应"洁西卡"的热情。

当即将闭馆的广播声二次响起时，迪伦不得不道别。离去前，他对洁西卡说："答应我要好好吃东西，我走了，明天再来看妳！"

第二天下班后，迪伦果然信守诺言，第三、四、五天也是。从白鲸的活泼状态来看，应该已经恢复正常。

"这就是绝食中的白鲸？"一个看起来像政府官员的人问。

"副市长先生，它已经恢复进食了。"馆内接待人员答。

"太好了，是什么原因造成它绝食？"

"初步判断可能是水温的缘故，我们已经做出调整了。"

"很好，"副市长目视着正在屏幕前逗留的白鲸，"它会一直待在这个水族馆吗？"

"不会，澳洲的某个海洋馆已经买下它，准备训练它做表演。"

"也好，如果你们提供动物表演，很快我们就会接到投诉电话。"

对话在乐呵呵的笑声中结束，可是迪伦的内心却无法平复，想到"洁西卡"就要飘洋过海到那么远的地方，且成为取悦人们的表演工具，他心如刀割。

"别怕，"迪伦走上前对白鲸说，"我一定会救妳的，耐心点儿。"

第四十章/解救洁西卡

迪伦告诉旅馆老板他打算多住几天。

"我以为你已经辞职了。"旅馆老板说。

"是的,大卖场做到明天为止,那张事先买好的车票算是作废了。"

"什么事需要继续留下来?"

"重要的事,非常非常的重要。"

回到房间后,迪伦终于得空坐下来好好想一想他的"解救计划"。基于白鲸的体积庞大,"偷窃"完全不可能,现在只剩购买了,可是他口袋里的钱连支撑到月底都有困难。

思来想去,依旧没有一个解决方案(迪伦没有富豪朋友,即便有,也未必肯借，因为他的还款能力很差，谁会甘冒风险呢？）。

正当一筹莫展之际，一个人影忽然在迪伦的脑海里一闪而过。

"不。"他立即否定。

然而眼下除了求大卫，真的没别的法子了。

踌躇再三，他最后决定先问问"洁西卡"的身价再做定夺。

隔天上完最后一天的班，迪伦马上奔向水族馆办公室，还好经营者米勒先生依然记得他（真是好眼力），这为接下来的谈话奠定良好的基础。

"我一直想向你表达谢意，若不是你的报导，水族馆不会如此快速地复活起来。"

"哪里，我工作的报社很小，作用其实没那么大。"

"不，正因为你的报导，其他报社才会跟进，这绝对是你的功劳，我由衷感谢你！"

迪伦心中窃喜，这下子好说话了，然而……

"你想买白鲸？"米勒先生很是诧异地问。

"是的，多少钱？"

"我想知道你买下它会做何处置？"

迪伦也想过这个问题，很明显，他没有饲养环境，加上白鲸的食量巨大，远远超出他的负担能力。

"我会将她放生。"他答。

米勒先生很满意这个回答，所以给了优惠价——一百万元。

现在换迪伦感到诧异，这个数字可以在海狮小镇买下好几间商铺。

"我知道你肯定惊讶，"米勒先生答，"但年幼的白鲸近年来已经很少被捕获，加上它们深受表演性质的海洋馆青睐，价格自然水涨船高。再说，我已经签下买卖合同，毁约会有违约金的产生，这个部分的支出也得算进去。"

迪伦沉默了下来，一百万元对他而言是个天文数字，不出意外的话，一辈子都赚不到。

米勒先生也感受到对方的犹豫，建议他不妨等一等，也许某天还会有白鲸被捕获……

"不,我就要馆内那一条,其他都不要。"迪伦果断地答。

"那么在商言商,请在三十日之内付二十万元定金,这钱用来解约,不退的。"

迪伦弱弱答应下来,但心里很没谱。

第四十一章 / 牢不可破

当年大卫曾给迪伦一个邮箱地址,他很快找出来,并且迅速将信寄出,害怕一蹉跎,他又改主意了。

在这等待的过程中,迪伦依旧天天上水族馆,目的是让"洁西卡"接受他的安排。

"除了将妳放生,我别无他法,除非妳想到遥远的澳洲去。"迪伦看着白鲸,很情真意切的,"我猜想妳不会喜欢在公众面前做表演,所以大海才是妳的归宿。"

然而"洁西卡"并不领情,焦躁地来回窜游,迪伦能感觉到她的抵触。

"我也不希望那样，但能怎么办？"他长叹一口气，"妳得站在我的立场思考问题，这已是我能想到的最好的办法了。

显然，"洁西卡"一时无法接受别离，迪伦只能天天给她洗脑，渐渐的，这条白鲸不再那么抗拒，这是个好现象，可是并不代表问题已经解决了，因为大卫一直没消息，而与米勒先生约定的期限越来越近，更糟的是他身上的钱越来越少，如果这几天不走，可能连回海狮小镇的车票钱都没着落。

次日，迪伦从水族馆回来，旅馆老板娘问他是不是今天办理退房？

"不是，星期四才退房，然后我会坐傍晚的长途巴士回海狮小镇。"他答。

"洁西卡跟你一起回去？"

"不，她待在水族馆里。"

"她为什么待在水族馆里？"

迪伦心头一惊，旅馆老板娘时而糊涂他是知道的，问题是他怎会误会她问的是白鲸，而非他的妻？

正当迪伦不知该如何回答时，旅馆老板适时过来解围。

"妳又给迪伦添麻烦了，"旅馆老板对太太说，"也不怕吓到客人？"

"怎么会吓到？……等等，他是杜伦，你怎么喊他迪伦？"

旅馆老板没回答，转而交给迪伦一封信，说："今天早上收到的，原来你也有墨西哥朋友。"

迪伦接过信一看，大喜，道谢完毕便匆匆回房，可惜他的兴奋并没有维持很久，因为信虽然来自墨西哥，但写信的人却不是大卫。

迪伦：

很遗憾通知你——大卫已于年前意外身故。如果你能来墨西哥城一趟，我们可以针对你的诉求做讨论。

真诚的，
科尔特

. . .

大卫的忽然去世让迪伦很是震惊，还有，这个叫科尔特的人是谁？他值得信任吗？万一这是个圈套该怎么办？

迪伦望着随信附上的两千元支票和一个手机号码发愣。

两天后，迪伦顺利取出支票上的钱，转身便买了一张飞墨西哥的单程机票（为什么是单程？因为他对未来充满不确定性，或许……或许这是一条不归路也说不定）。

买好了机票，瞅着还有数小时才登机，他抓紧时间上水族馆。

"再见，洁西卡。"迪伦抚摸大屏幕，隔着玻璃是白鲸那张无邪的脸庞，"等我攒够钱再回来赎妳，希望那时候妳还没去澳洲。"

说这话，其实安慰的性质大过实质，但除了这个，迪伦给不了别的。

当飞机开始升空，迪伦忽然有股强烈的第六感——此行将会让他的人生产生天翻地覆的变化，甚至带来灭顶之灾。

倘若真是如此，他也没有别的路可走，因为"解救洁西卡"已经成为他的信念，牢不可破。

第四十二章 / 不归路

墨西哥城是墨西哥的首都,科尔特约迪伦在这个城市的阿拉梅达中央公园见面,此公园不难找,远远就能看到一大片郁郁葱葱。

迪伦沿着林木成荫的小径走入公园,大大小小的喷泉随处可见,正值盛夏,孩子们玩水玩得不亦乐乎,欢笑声此起彼伏……

"你到了吗?"电话那头的人问。

"到了。"迪伦答。

"我在摩尔人亭子等你。"

"摩尔人亭子?在哪儿?……喂?……喂?……喂喂喂……"

显然对方已经挂断，迪伦不得不询问路人，还好遇到的人很友善，不厌其烦地为他指路，所以没怎么经历波折便找到了，只是此时亭子内空无一人，这是怎么回事？

当迪伦拿出手机，想问个清楚时，一阵急促的脚步声传来，那是一位有着毛茸茸卷发和暗棕色皮肤的男人，看起来有些阴沉，年纪约在四、五十岁。

"红橡树小镇也这么热吗？"那人问。

"也热，但没像这里这么热。"

"你知道这座亭子的由来吗？"

"不知道。"

于是那人做了介绍，原来这座摩尔人亭子建于十九世纪末，是为了世界博览会而建，完全由钢制成，亭子缀以伊斯兰风格的几何图案，最顶部则是精致的玻璃圆顶和青铜鹰，这些细节和独特的八角形造型让许多人相信它具有占星功能和魔法作用……

"你是……导游？"迪伦问。

"不是。"那人笑了，接着伸出手来，"我是科尔特。"

迪伦与他握了握手，说："我是来自海狮小镇的迪伦。"

"海狮小镇？你的信从红橡树小镇寄出，我还以为你是那里的居民，原来你是大卫的老乡。"

听到这个回答，迪伦的心不住地往下沉，看样子科尔特并不清楚他与大卫之间的交情，意思是连他唯一可以祈求帮助的借口也没了。

"我……我和大卫很小就认识，是很好的朋友，他曾答应过我，只要我有需要，他会鼎力相助。"

"大卫的朋友就是我的朋友，但一百万元可不是个小数目，你也知道天下没有免费的午餐。"

迪伦从来没有不劳而获的想法，所以立即表示自己不怕吃苦，什么工作都愿意做。

"不合法的事也愿意做？"科尔特问。

迪伦语塞了，从小到大，他一直是个循规蹈矩的人，连红色交通灯都没闯过，如今却要做违法的事，这……

看迪伦陷入沉默，科尔特答："我看你也不是吃这口饭的人，所以千万别为难自己。这样吧！既然你有求于我，十万元是上限，并且仅此一次，请知悉！"

米勒先生要求给二十万元的定金，十万元根本不够，但迪伦同时也明瞭科尔特已经很仗义了，自己不能再得寸进尺。

"我……我愿意做……做任何事，因为我很需要这笔钱。"迪伦面红耳赤的，"不瞒你说，目前紧急需要的是二十万元，剩下的，你可依据我的表现给付。"

现在换科尔特陷入沉默，老大死后，他顶替了那个位置，由于名不副实，导致内部风雨飘摇，他急需培养自己人来巩固地位，然而眼前人实在太文弱了，他真能帮得上忙？

由于科尔特迟迟不表态，迪伦赶紧重申自己加入的决心。

"行，那么你即刻飞洛杉矶，入住任何一家酒店后，届时会有人联系你。"科尔特停顿了一下，"如果完成此次任务，我会给你二十万元的酬劳。"

迪伦想了想，果断点头。

第四十三章/下降头

迪伦把酒店地址发出去之后，不到两小时就接到前台打来的电话。

"伍德先生，这里有您的访客——威尔逊先生。"

"是的，我正在等他，请他上楼来。"

不一会儿，敲门声响起，迪伦起身去开门。门一开，对方火速进到房内。

"请搭乘今晚23:45的达美航空飞奥兰多，出机场后，自有人来取行李箱。"

"今晚？"

"没错。"

迪伦看着脚旁崭新的20英寸行李箱，问："就这两件？"

"是的，你的机票可托运两件32公斤以内的行李箱。"

迪伦不在乎重量或件数，他在乎的是里面装了什么。

"你不问里面装了什么吗？"威尔逊先生问。

"如果我问，你会答吗？"

结果最不可能发生的事竟然发生了，威尔逊先生坦言白色行李箱里有15磅安非他命、20磅摇头丸和120片芬太尼；粉色行李箱内则有10磅大麻、20磅古柯碱、68颗阿普唑仑药丸和173颗羟考酮药丸。

迪伦听完，感觉头皮发麻。

"放心，加州没有死刑，顶多终身监禁。"威尔逊先生补上一句。

这话不说还好，一说，迪伦的脑海里立即浮现监狱高高的围墙，上面还有高压电线。

"你想退出吗？"威尔逊先生又问。

这是个好问题,现在若抽身,迪伦还会是一张白纸,然而……

"不,我不退出。"他果断地答。

"听说你急需用钱,冒昧问一句,这是否与女人有关?"

迪伦承认的确与女人有关,问他如何知道?

"眼神,你的眼神里揉合了多种情绪,这个只能意会,不能言传。"威尔逊先生停顿了一下,"美吗?我指那个女人。"

此话一出,有两张脸孔在迪伦眼前交叉出现,一会儿是他那已亡故的妻,一会儿是白鲸。

"美,很美。"迪伦答。

"这就是我不轻易动情的原因,女人天生就是个麻烦,一沾上,甩都甩不掉,像被下了降头。"

迪伦问什么是下降头?威尔逊先生解释那是东南亚一带的巫术,能达到谋财、害命以及精神控制的目的。

如果真是那样,迪伦肯定被下降头了,否则无法解释这些日子以来的种种异常表现，但说这个又有何用？他已经决定不计代价去做飞蛾扑火的事。

等威尔逊先生离开后，迪伦洗了个热水澡，然后换上干净的衣服，打算以最佳状态上街吃顿好的，因为对他来说，这也许是失去自由前的最后一餐……

第四十四章/虚惊一场

值机员问迪伦行李箱内有没有违禁品？他回答没有。紧接着，行李箱便随着输送带移动，直至看不见为止。

"好了，"值机员站起身，同时把护照和登机牌递交出去，"23:00开始登机，您的座位号是38D，登机口是12。"

谢过值机员后，迪伦赶着入关，不外安检和检查证件，一切都很顺利，但这不表示迪伦已经安全了，因为任何时刻，航警都有可能逮捕他。

直到上了飞机，迪伦才终于能喘口气，看来机场的安检不是很严格，以致有了漏网之鱼。

从洛杉矶直飞奥兰多，需时约4个半小时，这也是迪伦人生中最起伏不定的时段，因为落地后还有个行李检查环节，如果不幸被抽查到，代表这辈子得牢底坐穿；反之，他的"洁西卡"便暂时不用去澳洲，过几年甚至能重返大海，这也是他的终极目标。

就这么东想西想，4个半小时转眼就过。等飞机停妥后，迪伦跟着其他乘客一起下机，然后赶着去提取行李。

"嗨！老兄，请打开你的行李箱。"海关人员对迪伦说。

迪伦假装没听见，继续前行，哪知那名海关人员不依不饶，又对他喊了一次，声音之大，想听不见都难。

"妳不是说我吧？！"迪伦露出无辜的表情，"我帮妳去追前面那个人。"

结果海关人员表明指的正是他，要他将行李箱放在台面上。

"里面都是我的个人用品，"他仍做困兽之斗，"没什么好查的。"

海关人员不予理会，问他是否亲自打包行李？

迪伦愣住了，到底该答是或否？如果答否，对方肯定问是谁打包的？如此一来，牵扯的人就多了，即使最后能逃过法律的制裁，他也逃不过黑帮的追杀（前者尚能保命，后者就不好说了，身首异处都有可能）。

这么一分析，迪伦只能承认是自己亲自打包的。

"密码多少？"海关人员又问。

"什么？"

"行李锁的密码。"

完了，迪伦根本不知道锁码是多少。

"我……我自己来吧！"他答，

胡乱试的结果便是搞得海关人员耐心尽失，脸色也越来越难看。

"对不起，我忘记密码是多少了。"迪伦尴尬地答。

"看样子只能割开行李箱，损失的费用由你个人承担。"

现在根本不是钱的问题，而是他运送大量违禁品的事实。迪伦可以想象当海关人员看到那么多毒品时会有多惊讶，那简直是场灾难！

"我的天呀！这么多。"

海关人员果然被惊吓到，嚷叫的声音吸引住在场所有人，一时人头攒动。

迪伦无奈地闭上双眼，感觉自己离终身监禁不远了。当他再次睁眼时，海关人员问他是不是神职人员？

"神职人员？"迪伦懵了，"不是，当然不是。"

"既然不是，为什么携带那么多本圣经？整整两大箱呢！"

迪伦被当头一棒，原来自己被人恶作剧了。

"咳咳！"他咳嗽两声，"我虽不是神职人员，却是一名虔诚的教徒，买那么多本圣经是为了送给对人生感到迷茫的人。"

海关人员很满意这个回答，同时对弄坏行李箱深感抱歉。

"没事，我一点儿也不在乎。"

迪伦说的是实话，但海关人员还是对弄坏的行李箱进行包装（至少短时间内的拖行不成问题）。这么一耽搁，他比预定的时间晚了约一个小时才走出机场。

"嗨！迪伦。"一个陌生人站在不远处向他招手,"这里。"

迪伦拖着行李箱越过马路,来到一个七人座的商务车前。

"老板让我来接你。"那人说。

"科尔特？"

"是的。"

于是迪伦上了车,连同那两大箱圣经。

第四十五章/千钧一发

科尔特的房子在堤比特湖和席恩湖之间，大门前有四棵高大的棕榈树，让人一下子感受到浓郁的热带风情。

迪伦被带到能观看到美丽湖景的会客厅，一抬头，挑高的天花板下方垂吊着一个由三个黑色大圈所组成的简约灯饰；一低头，脚底板下踩的是黑白灰三色组成的几何图案地毯。

"坐，你站着让我有压力。"科尔特说。

于是迪伦在米色长沙发上坐下。

"想喝什么？"科尔特问。

"伏特加。"

趁着佣人去取酒，科尔特问迪伦喜不喜欢这栋房子？

"不错，不过不太像你的格调。"

"是吗？我是什么格调？"

"我以为会更不按理出牌些。"

"看来你对行李箱内的东西依旧耿耿于怀。"

"是的。"

于是科尔特坦言之所以谎称行李箱内有毒品是为了测试他的胆量和忠诚度，显然，他过关了。

"你的意思是下一趟会来真的？"迪伦问。

"是的，不过不包括毒品，因为这不是我的强项。"

不知为什么，这句话在迪伦听来很是逆耳。

"你的强项是走私人还是走私物品？"他又问。

"两者皆有，你先走私人试试。过几天有一艘渔船进港，你负责将人接走，然后送到指定地点。"

迪伦没料到科尔特那么快就给他派工作。

"都打点好了吗？"迪伦问。

"这是你的工作，怎么反倒问起我来了？"科尔特沉下脸来，样子很是吓人。

"好的，我了解了。"迪伦停顿了一下，"如果方便的话，能否告诉我每次完成任务能有多少进账？"

科尔特告诉他这个得按人头计，一个人头两百元。

迪伦想着一个月若能成功走私10个人，便有两千元的收入，这个数字差强人意，但想解救"洁西卡"可就杯水车薪了。

"要想赚大钱，眼光就得放远点儿，新人可没资格谈条件。"科尔特说，大概读出他的心思。

迪伦赶紧表忠心（眼下也没别的法子了）。

见迪伦没有异议，科尔特唤来手下，紧接着一个牛皮纸袋被送到。

"这是什么？"迪伦问。

"答应给你的二十万元。"

迪伦打开袋子，里面果然有好几沓纸钞。

"为什么不直接打款给我？"他又问。

"听着，从现在开始，你只会从我这里得到现金，至于你要如何说服别人这是合法收入，那是你的问题。"

迪伦表示听懂了，于是科尔特举杯祝贺："让我们为未来干杯！"

"干杯！"迪伦答，然后让那不甜、不苦、不涩的酒顺着喉咙而下，感受入腹后热流遍布全身的滋味。

等双方都喝光酒杯里的酒后，科尔特下逐客令，因为他还有更重要的事要办。

"当然，"迪伦起身，"祝你有幸福的一天。"

一走出"老板"的豪宅，迪伦像只无头鸡，科尔特说几天之后会有一艘渔船进港，要他负责将人接走，然后送往指定地点，但他没说确切的日期，也没说是哪个港口、哪艘渔船，还有，人得送到哪里去？

迪伦思考了一会儿后，忽然意识到目前最重要的不是为这些事烦恼，而是阻止

"洁西卡"被送走，于是一通电话打给米勒先生。

"你真及时，再晚一点儿，白鲸就要上飞机了。"电话那头答。

"不，千万别上飞机，我立马过来交钱。"

挂上电话后，迪伦即刻叫车赶往机场。

第四十六章/五年之约

"你该不会抢银行了吧？！"米勒先生半认真半开玩笑地说，因为没料到会有人拎着20沓的纸钞前来付款。

迪伦要他放心，这钱绝对不是抢银行得来的，至于真正的出处，他倒也没明说。

"其实一开始我并不认为你是认真的，"米勒先生把手放在自己的大肚腩上，这让他看起来像怀孕五、六个月，"既然你已经表现出诚意来，白鲸我肯定为你留着，剩下的尾款你打算何时付清？"

这也是迪伦的烦恼之处，按科尔特的说法，每接送一位偷渡客能赚两百元，但接送不可能天天发生，意思是他的收入相当不稳定。

"我答应你会尽快筹钱，但时间无法保证。"他答。

"嗯……这可不好办。"

看米勒先生露出为难的表情，迪伦只好给出五年的期限，如果届时他还是给不了，白鲸任凭处置。

离开米勒先生的办公室后，迪伦进到水族馆内，但也只是远远地望着。

"洁西卡，今天我终于付了定金，妳暂时安全了，可以不用到澳洲去。"他喃喃低语，"原谅我不能到妳的跟前来，因为我害怕妳会误会我已经准备好赎妳，事实上我只筹到1/5的钱款，剩下的还没有着落。"

迪伦又站了一会儿，直至意识到再怎么解释也无济于事，这才默默走开……

第四十七章/迎接挑战

当岳父岳母看到许久未见的迪伦时，很是惊喜，问他这几个月都在忙些什么？

其实搬离岳父母家之后，迪伦又在红橡树小镇待了有半年之久，期间一直没去探望两位老人，所以他们不知他的近况（甚至认为他已经离开小镇）也在情理之中。

"我……瞎忙。"迪伦答，"这次来是为了与你们辞别，因为我已经找到新工作，未来可能有一段长时间都不会再见面。"

"我就说迪伦不会那么快忘了洁西卡，"岳母睨了自己的老公一眼，接着转向迪伦，"过去有谣言说你找到了新伴侣，每天从沃尔玛下班后便匆匆赶去约会。"

迪伦愣住了，原来岳父母一直知道他待在红橡树小镇，还有，他也太小看流言的威力（虽然他只是一名大卖场的搬运工，但显然有好事者会主动加油添醋地传播他的一举一动）。

"没有的事，谁会看得上我？"他自嘲。

"迪伦，你可别小瞧自己。"岳父开口了，"我和芬妮不一样，如果你真的找到伴侣，我会为你高兴，毕竟你还那样年轻，总不能孤独到老，不是吗？"

迪伦不过三十出头，正值壮年，但有时他觉得自己已经老得不会再对任何事情产生兴趣，若不是另一个洁西卡的出现，他很可能就这么混吃等死下去。

"如果真有这么一个……人，我会让你们知道的。"迪伦答。

那个夜里，他们三人抵掌而谈，气氛相当融洽，让迪伦感受到久违的幸福时光。

次日，当岳母喊迪伦吃早餐时，他接到一通神秘电话。

"安妮公主号在荷兰港外的公海上已经等待一个多星期，你去看看情况。"

迪伦犯起嘀咕，他以为渔船正要进港，怎么变成滞留在公海上？除了这个，他本人还有更现实的问题。

"我口袋里的余钱不多了，恐怕买不起飞往荷兰的机票。"他说。

对方沉默了一会儿后，紧接着告诉他此荷兰港并不在荷兰，而是位于美国阿拉斯加州阿留申群岛之一的阿马克纳克岛上，至于路费……这不是该考虑的问题。

迪伦心中纳闷："怎么不该考虑？我连接下来的饮食都得算计着花，何况交通费？"

后来当迪伦吃着早餐时，屋外传来叭叭两声，他的心喀噔了一下，该不会……

迪伦火速站起身，然后往厨房的窗口望出去，岳父母家的门前停了一辆橙色轿车，这并不特别，特别的是驾驶座上坐着一个拉丁美洲长相的男人，而且正与迪伦对视着。

"我出去一下。"他对岳父母说。

当迪伦走近车子，尚未开口，对方便要他上车。

"你是谁？"迪伦问。

"安妮公主号已经在公海上等待好多天了,我们再不去,就只能收尸了。"

听到这个回答,迪伦知道自己该上路了,于是答:"你等会儿,我回屋拿东西。"

进屋后,岳母立即问那人的来历。迪伦表示此人是他的同事,顺路过来载他上班。

"你在哪里上班?"岳父接着问。

迪伦心头一悸,这该如何回答?

"我……"他急中生智,"我在货轮上工作,负责货物装卸。"

岳父说这是份苦差事,问他是否已经准备好接受挑战?

迪伦嘴巴称是,但心中想着:"这挑战可真不小,如果失败了,他的人生就要留下难以磨灭的遗憾。"

第四十八章/明亮的眼睛（完结篇）

迪伦的第一单相当顺利，有老手安东尼奥带着，他们成功将一百多位偷渡客送进离港口二十多公里的狭鳕加工厂内。这次任务让迪伦进账两万多元，是他当记者时月收入的十几倍。

"以这个速度，五年内赎回'洁西卡'不是梦。"迪伦心想。

可惜第二单就没那么幸运了，主因是带路人突发疾病，而他们走的又是被印第安原住民称为"魔鬼之路"的凶险路径，面对一望无际的沙漠，迪伦只得向巡警自首，毕竟保命要紧。

那次，迪伦被判入狱三个月。出狱后，他紧接着干，走私的对象也不再限定为人，但凡有利可图，他皆来者不拒，这包括武器、文物、贵金属、珍稀动植物、淫秽物品……等。多数时候，迪伦和同伙都能化险为夷，但偶尔也有失算的时候，就这么进进出出监狱许多回（他原本肥胖的身躯也在一次次的奔波中消瘦下来），某天，迪伦终于攒够钱，立即直奔水族馆，然而……

"这不是洁西卡，"他停顿了一下，"我的意思是白鲸。"

"这正是你要的白鲸，"又胖了一圈的米勒先生答，"当年它还是个宝宝，现在已经成年，当然看起来不一样。"

迪伦认识"洁西卡"时，她的身长不过一米五，现在则翻了两翻不止，还有，她的皮肤颜色从浅灰变成纯白，个性也没有以前活泼，甚至有点儿拒人千里之外的感觉。

"你还想买下它放生吗？"米勒先生问。

显然，"洁西卡"已不是记忆中的样子，但迪伦还是决定买下她，这才不枉自己曾受过的苦难。

负责运送白鲸的是水族馆的饲养员，过去几年一直是她在照顾白鲸，离别时由她护送，再好不过。

整个运送过程，迪伦的心情相当平静，他原以为自己会很感伤，但其实没有，真要形容，就像马拉松选手终于抵达终点站，结果是输是赢已经没那么重要，重要的是他跑完了。

当白鲸入海，激起巨大的水花时，迪伦长舒一口气，多年来的努力为的不正是这个？

"我替白鲸谢谢你！你做了一件非常了不起的事。"饲养员说。

"哪里，我很高兴她重回大海。"迪伦答。

"如果不赶时间的话，上岸后我们一起喝个咖啡如何？"

"乐意之至。对了，忘了自我介绍，我叫迪伦。"

"幸会，我叫洁西卡。"

"什么？"

"洁西卡。"

这个回答拨动迪伦内心里的那根弦，他猜想也许冥冥之中安排了什么，谁知道呢？

返航途中，海风轻拂着，坐在前方的"洁西卡"拨开落在脸庞上的发丝，一个回头，迪伦注意到她也有一双明亮的眼睛……

（完结）

作者介绍

在异国的背景下加入缠绵悱恻的爱情故事是B杜小说的一大特点，她的文笔清新、笔触诙谐、画面感很强，读完小说有种看完一部爱情偶像剧的感觉，特别适合怀春少女及对爱情有憧憬的女性阅读。

另外，B杜还创作了散文、严肃小说、系列小说等，欢迎关注。

Also by P杜

《潔西卡》（繁體字版）Jessica (traditional character version)

* * *

《法兰西情人》Love in France

《东瀛之爱》Love in Japan

《新西兰之恋》Love in New Zealand

《英伦玫瑰》Love in England

《爱在暹罗》Love in Thailand

《情定布拉格》Love in Prague

《狮城情缘》Love in Singapore

《爱上比佛利》Love in Beverly Hills

《梦回枫叶国》Love in Canada

《早安，欧巴》Love in Korea

《我在苏黎世等风也等你》Love in Switzerland

《迪拜公主的秘密情人》Love in Dubai

《马力历险记1之地球轴心》The Adventures of Ma Li (1): The Time Axis

《马力历险记2之黄金国》The Adventures of Ma Li (2): Eldorado

《马力历险记3之可可岛宝藏》The Adventures of Ma Li (3): The Treasure of Cocos Island

《B杜极短篇故事集(1～100)》A Word to the Wise (Tales 1～100)

《B杜极短篇故事集(101～200)》A Word to the Wise (Tales 101～200)

《B杜极短篇故事集 (201～300)》 A Word to the Wise (Tales 201～300)

《B杜极短篇故事集 (301～400)》 A Word to the Wise (Tales 301～400)

《B杜极短篇故事集 (401～500)》 A Word to the Wise (Tales 401～500)

《B杜极短篇故事集 (501～600)》 A Word to the Wise (Tales 501～600)

《B杜极短篇故事集 (601～700)》 A Word to the Wise (Tales 601～700)

《巫觋咖啡馆之梧桐路篇》 The Witch & Warlock Café on Wutong Road

《鸿沟》 A World Apart

《我的泰国养老生活 1》 My Retirement Life in Thailand (1)

www.ingramcontent.com/pod-product-compliance
Lightning Source LLC
Chambersburg PA
CBHW030037100526
44590CB00011B/244